dtv

In bewährt unterhaltsamer und anregender Manier erzählen Ditte und Giovanni Bandini Geschichten aus dem ›Jâtakam‹ nach. Diese um die Zeitenwende zusammengestellte Sammlung wurde im asiatischen Raum unzählige Male bildnerisch umgesetzt und erfreut sich bis heute größter Beliebtheit. Die Geschichten – zu einem großen Teil vorbuddhistische, altindische Märchen, Fabeln und Novellen – schildern charakteristische Situationen aus verschiedenen menschlichen und tierischen Existenzen des Bodhisatta (künftigen Buddha) und veranschaulichen damit zentrale Tugenden bzw. die karmischen Folgen »richtigen« oder »falschen« Handelns.

Ditte Bandini, geboren 1956, studierte Indologie, Religionsgeschichte und Völkerkunde. Sie arbeitet an der Heidelberger Akademie der Wissenschaften sowie als freie Schriftstellerin und Übersetzerin.
Giovanni Bandini, geboren 1951, studierte Indologie, Vergleichende Religionswissenschaft und Indische Kunstgeschichte. Er arbeitet seit 1987 als freier Übersetzer. Zahlreiche gemeinsame Buchpublikationen.

Ditte und Giovanni Bandini

Als Buddha noch nicht Buddha war

Geschichten aus früheren Existenzen des Erleuchteten

Deutscher Taschenbuch Verlag

Von Ditte und Giovanni Bandini sind im Deutschen Taschenbuch Verlag außerdem erschienen:

›Das Buch der Engel‹ (24519)
›Das Zwergenbuch‹ (24441)
›Das Buch der Elfen und Feen‹ (24385)

Originalausgabe
November 2006

www.dtv.de

Umschlagkonzept: Balk & Brumshagen
Umschlagbild: Art of Legend India
Satz: Greiner & Reichel, Köln
Gesetzt aus der Trajanus 9,75/12˙
Druck und Bindung: Druckerei C. H. Beck, Nördlingen
Gedruckt auf säurefreiem, chlorfrei gebleichtem Papier
Printed in Germany
ISBN-13: 978-3-423-34352-7
ISBN-10: 3-423-34352-4

Für meinen verehrten Lehrer, Dr. Hanns Kublick

D.B.

inhalt

Einleitung

Als der Erhabene einmal im Jeta-Wald weilte, erfuhr er, dass ein gewisser Mönch sich nach der Welt zurücksehnte und bereute, die Gelübde abgelegt zu haben. Vom Erhabenen gefragt, ob dem wirklich so sei, antwortete der Mönch: »O Herr, es ist wegen der Reize einer Frau.‹ Darauf sprach der Erhabene: ›Schon den Weisen der Vorzeit fiel es schwer, sich der fleischlichen Lust zu erwehren.« Und von den Mönchen angefleht, erzählte er eine Vorgeburts-Geschichte …

So lautet die typische Einleitung zu einer *Jâtaka*-Geschichte. Das *Jâtaka* ist eine Sammlung von über 500 in der mittelindischen Sprache *Pali* abgefassten Märchen, Fabeln, Novellen und zum Teil sogar regelrechten Kurzromanen, die eines gemeinsam haben: Sie werden uns als Schilderungen von Begebenheiten aus früheren Inkarnationen des historischen Buddha, Siddhattha Gotama (Sanskrit Siddhartha Gautama), vorgestellt. In sämtlichen Geschichten tritt also – in jeweils wechselndem Gewand – eine immer wiederkehrende Gestalt auf: der *Bodhisatta*.

Im älteren Buddhismus versteht man unter dem Bodhisatta (Sanskrit Bodhisattva) den historischen Buddha, »als er noch keiner war«. Siddhattha Gotama war also bis zum Augenblick seines Erwachens »der Bodhisatta«, ebenso wie er es in jeder seiner früheren – menschlichen, tierischen oder göttlichen – Existenzen gewesen war: ein *zur Erleuchtung bestimmtes*, aber eben noch nicht *erleuchtetes* Wesen.

Dementsprechend variabel ist der Charakter des Bodhisatta in den unterschiedlichen Erzählungen – und zwar durchaus unabhängig von der Art der jeweiligen Inkarnation: So kann der Bodhisatta einmal als Tier hohe Tugenden wie Rechtschaffenheit und Mitgefühl verkörpern, ein anderes Mal als Mensch lediglich »nützliche« Eigenschaften wie Klugheit oder gar nur Geschäftstüchtigkeit, und ein Grashalm kann sittlich edler handeln als ein Brahmane. In diesem Sinne wirken die verschiedenen Inkarnationen des Bodhisatta tatsächlich oft wie bloße »Verkleidungen«: Während wir von unseren Tierfabeln und Märchen her eine eindeutige Zuordnung von Mensch bzw. Tier und Eigenschaft gewöhnt sind – der Fuchs ist listig, die Stiefmutter böse, der Prinz tapfer und romantisch, der Wolf gierig und dumm, die Prinzessin launisch –, konfrontieren uns die Jâtaka-Erzählungen oft mit überraschenden Konstellationen.

Obwohl die Jâtaka-Erzählungen eine ähnlich erzieherische Absicht wie die biblischen Gleichnisse verfolgen – allgemeingültige Wahrheiten über richtiges und falsches Verhalten zu veranschaulichen –, unterscheiden sie sich doch grundlegend von diesen. Während die Parabeln Jesu darauf abzielen, eine bestimmte »Moral« zu vermitteln und konsequent alles auslassen, was von ihr ablenken könnte – weswegen sie als »Geschichten« auch eher wenig hergeben –, wollen die Jâtakas nicht nur belehren, sondern auch unterhalten; und so erzählen sie auch oft vieles, was »nichts zur Sache tut« – jedenfalls, wenn wir mit »der Sache« das Thema meinen, das der Buddha in der einleitenden Rahmenhandlung anstimmt. Mit anderen Worten: Die Erzählungen handeln mitunter von bestimmten Tugenden oder Lastern weit ausführlicher als von derjenigen Wahrheit, zu deren Verdeutlichung der Buddha die jeweilige Geschichte erzählt haben soll. Jede Jâtaka-Geschichte führt uns mehrere typische – positive oder negative – menschliche Verhaltensweisen und/oder Eigenschaften vor und ist somit allgemein *lehrreich*; die Einleitung teilt uns mit, welche Tugend oder Untugend der Buddha speziell im Sinn hatte, als er die Geschichte seinen Mönchen erzählte, wodurch eine vielleicht nur ganz beiläufig erwähnte Begebenheit schärfer ins Licht gerückt wird und deutlicher im Kontext der sonstigen Lehren der Geschichte gesehen wird.

Als kleine Warnung möchten wir die Leser(innen) daran erinnern, dass sie es hier nicht mit Grimms Märchen zu tun haben, sondern mit mehr als 2000 Jahre alten Geschichten aus einem uns fremden Kulturkreis. Sie brauchen deswegen nicht immer unserer Vorstellung von Logik und »Moral« zu entsprechen.

Bei unseren Nacherzählungen haben wir die Rahmenhandlungen ausgelassen, sie aber insofern berücksichtigt, als die Geschichten im Wesentlichen thematisch gruppiert sind. Dabei haben wir uns bemüht, jedes Mal einen prägnanten Oberbegriff zu finden, der eine bestimmte Tugend (oder Untugend) bezeichnet. Bei diesen Eigenschaften handelt es sich keineswegs nur um solche spiritueller Natur; auch durch und durch weltliche Tugenden sind nach buddhistischer Auffassung erstrebenswert, da sie dem Menschen gestatten, ein »gutes« Leben zu führen und damit eine bessere Wiedergeburt zu erlangen. Die Erleuchtung und das Nirvana sind ja nur für die Wenigsten erreichbar; wir Normalsterblichen können nur danach streben, uns nach und nach höher zu entwickeln, bis wir endlich einmal erlösungsreif sein werden. Und glücklicherweise lässt uns der Buddhismus dafür – anders als andere Religionen – buchstäblich jede Zeit der Welt.

Die Eigenschaften oder Tugenden, die in den Geschichten oft auch durch ihr Gegenteil veranschaulicht werden, haben wir, um keine Hierarchie oder Wertigkeit zu suggerieren, schlicht alphabetisch geordnet.

Abschließend sollten wir vielleicht ein paar Worte über die von uns verwendeten Namensformen sagen. Wer sich ein wenig mit dem Buddhismus befasst hat, dem sind vermutlich die sanskritischen Formen »Siddhartha Gautama« und »Bodhisattva« geläufig. Warum haben wir uns also für die Pali-Formen entschieden?

Zunächst einmal ist das Jâtaka, wie schon gesagt, auf Pali geschrieben; es besteht somit kein einsichtiger Grund, die darin vorkommenden Namen und Begriffe ins Sanskrit zu übersetzen. Zweitens war das Sanskrit bereits zu Lebzeiten des Buddha (5./4. Jh. v. Chr.) eine reine Priester- und Gelehrtensprache: Weder das einfache Volk noch der Adel benutzten es als Mittel der Kommunikation. Selbst wenn Siddhattha es gelernt haben sollte – so wie manche von uns auf der Schule Latein oder Mittelhochdeutsch gelernt haben –, verwendete er es mit Sicherheit weder in seiner Jugend im Gespräch mit seinen Angehörigen noch später, als erleuchteter Wanderprediger, in seinen Reden – einfach weil ihn kaum jemand verstanden hätte.

Zwar war auch das Pali keine echte Volks-, sondern eine Literatursprache, aber es dürfte dem vom Buddha tatsächlich verwendeten Dialekt auf jeden Fall weit mehr geähnelt haben als das Sanskrit.

Die Entstehungszeit des Jâtaka lässt sich nicht genau angeben. Die in die einzelnen Geschichten eingebetteten Strophen (*gâthâs*) dürften im 3. Jh. v. Chr. entstanden sein, zum Teil vielleicht sogar noch früher; sie werden zum so genannten Pali-Kanon oder *Tipitaka* (»Dreikorb«) gerechnet. Die Prosa-Passagen dagegen – die in den meisten Fällen erst die eigentliche Geschichte enthalten – gelten als bloße Kommentare und sind somit nicht kanonisch. Das vollständige, aus Versen und Prosa bestehende Jâtaka, so wie es uns heute vorliegt, war im 5. Jh. unserer Zeitrechnung abgeschlossen.

Zuletzt noch einige wenige Worterklärungen:

Brahma-Welt: die höchste Götterwelt, sie wird von begierdelosen Gottheiten bewohnt.

Chandâla (Tschandala): Kastenloser, Unberührbarer

Pacchekabuddha: etwa »Einzelgänger-Buddha«, ein Erleuchteter, der seine Weisheit für sich behält, also sich nicht bemüht, anderen Menschen den Weg zur Erlösung zu weisen.

Sakka (Sanskrit *Shakra*): In buddhistischen Pali-Texten der König der Götter. Wenn auf der Erde etwas Ungewöhnliches geschieht, wird sein Thron heiß, so dass er darauf aufmerksam wird.

Tausendäugiger: ein Beiname des Götterkönigs Sakka (oder, wie er im Hinduismus heißt, Indra).

Beharrlichkeit

Beharrlichkeit führt zum Ziel. Sie ist damit das, was wir eine »dienende Tugend« nennen könnten, da sie im Dienst des jeweiligen Zieles steht, das wir uns gesteckt haben. Sie ist die Kraft, die es uns ermöglicht, allen Hindernissen, Rückschlägen und Widrigkeiten zum Trotz an dem einmal gefassten Plan festzuhalten und ihn unbeirrbar bis zum Ende zu verfolgen. Sie kann uns ebensowohl bei belanglosen, dummen oder bösen wie bei nützlichen und edlen Vorhaben helfen. Sie ist also für sich genommen weder gut noch schlecht, sondern erhält ihren Wert erst durch den Zweck, dem sie dient. In Verbindung mit »objektiven« Tugenden aber, wie Klugheit, Güte, Mitgefühl oder Weisheit, ist sie die vielleicht wertvollste Helferin, die wir besitzen können.

Die Sandwüste

Einmal wurde der Bodhisatta in einer Kaufmannsfamilie wiedergeboren und trieb, als er erwachsen war, mit fünfhundert Wagen Handel. Auf einer seiner Handelsreisen musste er eine große Wüste durchqueren. Der Sand hier war so fein, dass er einem durch die Faust rieselte, und sobald die Sonne aufging, wurde er heiß wie glühende Kohlen. Wer durch diese Wüste hindurchmusste, versorgte sich ausreichend mit Wasser- und Nahrungsvorräten und reiste in der Nacht. Bei Sonnenaufgang baute man eine Wagenburg, stellte sein Zelt auf und schlief bis zum Abend. Außerdem benötigte man einen Führer, der die Wüste gut kannte und einen sicher leitete.

Der Kaufmann hatte alle notwendigen Vorkehrungen getroffen

und war nun schon etliche Nächte unterwegs. Eine Nacht noch, dachte er an einem Abend, und dann haben wir die Wüste endlich hinter uns. Der Führer betrachtete die Sterne und wies der Karawane die Richtung, in der sie weiterziehen sollte, dann aber schlief er vor Übermüdung ein. So merkte er nicht, dass die Zugochsen versehentlich umkehrten und denselben Weg zurückgingen, den sie in der Nacht zuvor gekommen waren.

Sie gingen und gingen, und als der Morgen graute, bauten die Leute wie sonst ihre Wagenburg. Da aber fiel ihnen auf, dass sie am selben Platz lagerten wie am Tag zuvor, und sie fingen an zu jammern und zu klagen, weil sie ihr letztes Wasser bereits ausgetrunken hatten. Da dachte der Bodhisatta: »Wenn ich auch noch mutlos werde, sind wir alle verloren.« Und während die anderen schon schliefen, lief er umher und besah sich gründlich die Umgebung.

Schließlich erblickte er ein Gebüsch und grünes Gras und sagte sich, dass es hier Wasser geben müsse. Er ging zurück, weckte einen der Männer und ließ ihn mit dem Spaten graben. Das Loch wurde tief und tiefer, und noch immer kam kein Wasser. Viele Meter tief stieß der Mann so heftig gegen einen Stein, dass der Spaten entzweibrach. Entmutigt warf er den Stiel fort und gab die Sache verloren. Der Bodhisatta aber erklärte: »Unter diesem Stein wird das Wasser sein!« Er stieg ins Loch hinunter und horchte. Und richtig: Er konnte schwach das Rauschen von Wasser hören. Er kletterte wieder hinaus und sagte zu seinem treuen Diener: »Wenn du jetzt aufgibst, müssen wir alle sterben. Wenn du aber deinen Hammer holst, in das Loch steigst und auf den Stein schlägst, kannst du uns retten!«

Der Diener nahm seine letzte Kraft zusammen, holte den Hammer und tat wie geheißen. Er schlug zu, so fest er konnte, der Stein brach auseinander, und in einer hohen Fontäne schoss das Wasser, hoch wie eine Palme, aus dem Loch. Nun hatten alle, Menschen und Tiere, genug zu trinken und genug zum Waschen. Sie zerschlugen überflüssige Holzteile, zündeten ein Feuer an und kochten Essen für sich und die Ochsen. Sobald die Sonne untergegangen war, markierten sie die Wasserstelle und machten sich wieder auf den Weg hinaus aus der Wüste. An ihrem Bestimmungsort angelangt, verkauften sie ihre Waren, kehrten anschließend nach Hause zurück und lebten ein langes, glückliches Leben. Als der Buddha diese Geschichte beendet hatte, sprach er noch die Strophe:

Da sie unermüdlich in der Wüste gruben,
Fanden sie tief im Sande endlich Wasser.
Und so findet der Weise, der voll Eifer
Strebt unermüdlich, seines Herzens Ruhe.

dankbarkeit

Durch Dankbarkeit entledigen wir uns einer Schuld gegenüber dem, der uns von sich aus, ohne Zwang, Gutes getan hat. Dankbarkeit ist das Bewusstsein dieser Schuldigkeit und der Wille, sie durch ein geeignetes Verhalten abzutragen. Charaktermängel wie Überheblichkeit, Vermessenheit oder falsche Selbsteinschätzung – »Das stand mir doch zu!« oder »Das hätte ich auch allein geschafft!« – verhindern, dass man diese Schuld anerkennt und bewirken dadurch, dass man, früher oder später, von ihr (im karmischen Sinne) erdrückt wird.

»Ein guter Mensch aber«, sagte der Buddha, »ist dankbar, er kennt den Dank. Das ist es nämlich, was man bei den Guten findet: die Dankbarkeit, den Dank. Die Summe alles dessen, was einen guten Menschen ausmacht, ist die Dankbarkeit, der Dank.«

Die goldene Gazelle

Ein Großkaufmann hatte einen Sohn mit Namen Mahadhanaka. Der aber war unerzogen und schlecht geraten. Er lernte nichts, verkehrte nach dem Tod seiner Eltern nur noch in schlechter Gesellschaft, verspielte all sein Hab und Gut und hatte schließlich überall Schulden. Als die Gläubiger sich nicht mehr mit Versprechungen abspeisen lassen wollten und ihn bedrängten, wusste er nicht mehr ein noch aus. Er rief alle zusammen, denen er Geld schuldete, und erklärte, er habe am Ufer des Ganges einen Schatz versteckt und werde sie nun dorthin führen. Am Fluss angelangt, sprang er vor den Augen seiner Gläubiger ins Wasser, um sich zu ertränken.

Der Fluss nahm ihn mit sich bis zu einer Stelle, wo eine Ruru-Gazelle lebte, die außergewöhnlich schön war: Sie hatte einen goldenen Körper mit Füßen wie aus schwarzem Lack, Hörner wie Silbergeschmeide und Augen wie Edelsteine. Sie war kein anderer als der Bodhisatta. Der Wald, in dem sie wohnte, reichte bis ans Flussufer, und dort graste sie nun, als sie hörte, wie jemand um Hilfe schrie. Ohne nachzudenken sprang sie sofort ins Wasser. »Fürchte dich nicht«, rief sie dem Ertrinkenden zu, »ich komme zu dir, dann kannst du dich auf meinen Rücken setzen.« Mahadhanaka hielt sich an seiner Retterin fest, kletterte auf ihren Rücken, und die Gazelle brachte ihn heil und gesund ans Ufer zurück. Der Bodhisatta gab ihm Beeren zu essen und pflegte ihn, bis er wieder ganz wohlauf war. Dann trug er ihn auf seinem Rücken aus dem Wald an eine Straße, erklärte ihm den Weg nach Benares und fügte dann mahnend hinzu: »Bitte verrate niemandem, dass in diesem Wald eine goldene Gazelle lebt.«

Der junge Mann versprach es, bedankte sich bei seinem Wohltäter und ging seiner Wege.

Just zu dieser Zeit träumte die erste Gemahlin des Königs von einer goldenen Gazelle, die ihr eine wunderbare Belehrung erteilte. Kaum aufgewacht, bedrängte sie den König, nach diesem Tier zu suchen, und da der Fürst seine Frau liebte, ließ er überall durch Ausrufer nachfragen, ob jemand wisse, wo es solch eine Gazelle gäbe. Schließlich erfuhr auch Mahadhanaka davon, und da ihn immer noch seine Schulden drückten, ließ er dem König ausrichten, er könne ihn zu einer goldenen Gazelle führen.

Hocherfreut machte sich der König mit dem verräterischen jungen Mann auf den Weg zu dem Wald, in dem der Bodhisatta wohnte. Als sie in die Nähe der Stelle gekommen waren, wo sich die Gazelle aufzuhalten pflegte, befahl der König seinen Leuten, einen Kreis zu bilden, damit das Tier nicht entkommen könne. Der Bodhisatta hatte allerdings die Vorbereitungen der Menschen längst durchschaut und sagte zu sich: »Nur der König kann mich retten.« Und anstatt wegzulaufen, ging er geradewegs auf ihn zu.

Der König war über die Maßen erstaunt, dass die Gazelle nicht vor ihm floh, sondern sich ihm näherte, und er spannte seinen Bogen, um sie abzuschießen, falls sie versuchen sollte, ihn zu überrennen.

Da rief der Bodhisatta mit einer Stimme, so süß wie ein Glöckchen:

Halt ein, du großer Menschenführer,
Tu mir kein Leid an, Landesfürst!
Sag mir, wer hat dir denn verraten,
Dass hier eine Goldgazelle wohnt?

Bei diesen lieblich ausgesprochenen Worten ließ der König den Bogen sinken und antwortete, indem er auf den Verräter zeigte: »Der da hat mir deinen Aufenthaltsort gewiesen!«

Da entgegnete der Bodhisatta ruhig: »Es ist in der Tat zuweilen besser, ein Holzstück aus dem Wasser zu ziehen als einen Menschen!«

Der König sagte: »Ich fange an, mich vor dir zu fürchten. Ich verstehe nicht, was du sagst, und außerdem habe ich noch nie ein Tier mit menschlicher Stimme reden hören!«

»Hab keine Angst, o Großfürst!«, sagte da der Bodhisatta. »Jener Mann dort ist es, den ich meinte. Ihn habe ich aus dem Fluss gerettet, und als Dank dafür hat er mich nun in diese Gefahr gebracht. Ach, nur Unglück bringt Verkehr mit Bösen, o mein Fürst!«

Als der König dies hörte, wurde er sehr zornig und drohte, Mahadhanaka zur Strafe für seinen Verrat an dem schönen Tier zu töten, doch der König der Ruru-Gazellen bat ihn, das Leben des jungen Mannes zu schonen und sprach: »Ich möchte nicht für den Tod irgendeines Wesens verantwortlich sein, auch nicht den eines bösen Menschen. Gib ihm, was du ihm als Lohn versprochen hattest, und lass ihn gehen«.

Beeindruckt von der Selbstlosigkeit des Tieres, schenkte der König Mahadhanaka das Leben, gab ihm die ausgemachte Belohnung und fragte dann die Gazelle, ob sie nicht noch einen Wunsch hätte, den er ihr erfüllen könne.

Da sagte der Bodhisatta zögernd: »O Fürst, die Menschen versprechen viel und halten wenig.«

»So einer bin ich nicht!«, rief da der König empört. »Was ich verspreche, das halte ich auch, und wenn ich darüber mein Reich verlieren sollte.«

Da wünschte sich der Bodhisatta von ihm, dass er von nun an das Leben aller Tiere schonen würde und auch seine Untertanen dazu anhielte, und der König versprach es ihm. Als er das hörte, ging der Bodhisatta mit ihm nach Benares und erteilte der Königin die Unterweisung, nach der sie verlangte, und belehrte auch den König und viele andere über die Königstugenden. Dann kehrte er zurück in seinen Wald.

Der König ließ unterdessen überall mit Trommeln verkünden, dass kein Tier mehr getötet werden dürfe und jegliche Jagd verboten sei. Die Folge war, dass die Gazellen sich nach und nach immer mehr Freiheiten herausnahmen. Sie fraßen die Felder der Bauern kahl und verwüsteten das Land, ohne dass sich die Bauern dagegen zur Wehr setzen durften. Da entstand großer Unmut in der Bevölkerung, und schließlich machten sich viele Menschen auf, um dem König ihr Leid zu klagen und um Abhilfe zu bitten. Der König schüttelte traurig, aber bestimmt den Kopf und sagte:

Mögen auch meine Untertanen klagen,
Mag auch mein Reich zugrunde gehn,
Kann ich den Ruru doch nicht täuschen,
Dem ich versprach: Ich schon dein Volk.

Soll mir mein Land nicht mehr gehören,
soll mir mein Reich zugrunde gehn,
Dem Ruru einen Wunsch gewährt ich,
Und eines Königs Wort, das gilt.

So blieb den Bauern nichts anderes übrig, als sich mit diesem Bescheid zufrieden zu geben, und sie erzählten überall, was der König gesagt hatte. Schließlich erfuhr auch der Bodhisatta davon, und er empfand großes Mitleid mit den Menschen. Er rief alle Gazellen zusammen und ermahnte sie, die Felder der Menschen fortan in Ruhe zu lassen. Den Menschen aber ließ er mitteilen, sie möchten an ihren Feldern Zeichen befestigen, damit die Gazellen wüssten, was sie verschonen sollten. Seit dem Tag hatten die Bauern vor den Gazellen Ruhe. Und bis auf den heutigen Tag fressen Gazellen kein Getreide mehr.

* * *

Die dankbaren Geier

In einer seiner Existenzen wurde der Bodhisatta als Geier wiedergeboren und lebte mit seinen betagten Eltern auf dem Geierberg. Er kümmerte sich liebevoll um sie und schaffte ihnen regelmäßig

Nahrung herbei. Eines Tages brach ein schwerer Sturm über die Region herein, und die Geier flohen zitternd vor Kälte nach Benares und saßen dort fröstelnd und hungrig im strömenden Regen herum. Da kam zufällig ein Kaufmann vorbei, sah die Vögel und hatte Mitleid mit ihnen. Er schickte seine Leute zu der Stelle, wo die toten Rinder der Stadt hingeschafft wurden, ließ von deren Fleisch holen, zeigte den Geiern einen trockenen Platz und gab ihnen zu essen. Mit seiner Großmut und seinem Mitleid rettete er ihnen das Leben.

Sobald der Sturm aufgehört hatte, kehrten die Geier in die Berge zurück, riefen ihre Brüder und Schwestern zusammen und sagten: »Dieser Kaufmann hat uns geholfen, als wir in Not waren, nun werden wir uns bei ihm bedanken. Jeder von uns, der auf irgendeine Weise ein Schmuckstück oder ein kostbares Kleidungsstück ausfindig machen und entwenden kann, soll es im Hof des Kaufmanns fallen lassen.«

Gesagt, getan. Die Geier passten von nun an auf, wo jemand unachtsam mit seinen Juwelen und Gewändern umging, stießen dort herab, nahmen sie mit und ließen sie anschließend bei dem Kaufmann fallen. Zunächst verwunderte der sich so Beschenkte sehr über die Gaben, doch als er nach einigem Nachdenken begriff, woher der plötzliche Reichtum kam, hob er alle Schmuckstücke sorgfältig auf.

Allmählich sprach es sich in Benares herum, dass eine Schar von diebischen Geiern ihr Unwesen trieb, und die Kunde davon gelangte schließlich auch zum König. Der überlegte ein wenig und ordnete dann an, man möge einen der Geier, nur einen, lebendig fangen und zu ihm bringen, damit er nach der Ursache für das seltsame Verhalten der Vögel forschen könne.

So wurden überall Netze und Schlingen ausgelegt, und schließlich verhedderte sich der Bodhisatta in einer von ihnen und war gefangen. Zufällig hatte der Kaufmann gerade an dem Tag etwas im Palast zu erledigen und sah mit an, wie der Geier hineingeschafft wurde. »Ich muss aufpassen«, dachte er, »dass sie ihn, den schönsten von allen, nicht töten«, und ließ den Vogel nicht aus den Augen.

Der König fragte den Geier freundlich: »Seid ihr es, die diese ganzen Schmuckdiebstähle begehen, von denen mir berichtet wurde?«

»Ja, o Großkönig«, entgegnete der Bodhisatta.

»Und warum tut ihr das?«

Daraufhin erzählte der Geier, wie der Kaufmann sie gerettet habe und sie sich nun dafür bedanken wollten.

»So so«, sagte der König, »wie kommt es aber, dass ein Geier, der doch auf Meilen Entfernung ein totes Tier entdeckt, eine Schlinge nicht sieht, die für ihn bestimmt ist?«

Darauf gab der Geier zur Antwort:

Sobald des Todes Nahen fühlt
Ein Mensch am Ende seines Lebens,
Kann er das Netz nicht sehen mehr,
Die Schlinge nicht, trotz ihrer Nähe.

Der König freute sich über die weisen Worte des Vogels, nickte und wandte sich nun an den Kaufmann, um zu hören, ob das, was der Geier ihm erzählt hatte, auf Wahrheit beruhe.

»Es stimmt, o Fürst!«, sagte der Kaufmann und fuhr fort: »Ich habe all diese Schmuckstücke jedoch nicht angerührt, sondern aufgehoben, um sie ihren Eigentümern zurückzuerstatten. Schenk aber bitte dafür dem Geier das Leben.«

Der König war damit zufrieden und ließ den Geier zu den Seinen zurückkehren. Der Kaufmann bewahrte in seinem Herzen, wie dankbar sich die Geier ihm gegenüber bezeigt hatten, und blieb auch den Rest seines Lebens freigebig und großzügig gegenüber allen Notleidenden.

* * *

Einmal wurde der Bodhisatta als Specht wiedergeboren. In dem Wald, in dem er wohnte, lebte auch ein Löwe. Als dieser eines Tages ein Tier erbeutet hatte und dabei war, es zu fressen, blieb ihm ein Knochen in der Kehle stecken. Der Löwe litt sehr darunter, denn der Hals schwoll an, und er konnte nichts mehr fressen. Außerdem hatte er große Schmerzen. Da kam zufällig der Specht des Weges, sah den leidenden Löwen und fragte mitleidig: »Was fehlt dir denn, Freund?«

Als der Löwe ihm gesagt hatte, was ihm geschehen war, sagte der Specht zögernd: »Hm, ich könnte dir ja den Knochen aus dem Rachen holen, aber ehrlich gesagt, hab ich Angst, da hineinzukriechen. Schließlich könntest du mich ja einfach auffressen.«

»O du guter Vogel«, entgegnete der Löwe, »fürchte dich nicht, ich werde dir ganz bestimmt nichts tun. Rette mir doch bitte das Leben, denn ohne deine Hilfe muss ich sterben!«

»Also schön«, willigte der Specht ein, suchte sich aber zur Sicherheit einen stabilen Stock, mit dem er dem Löwen die aufgerissenen Kiefer blockierte. Dann flog er in sein Maul und entfernte mit seinem spitzen Schnabel den Knochen. Nachdem er die Kiefersperre wieder entfernt hatte, flog er rasch auf einen Zweig. Der Löwe bedankte sich herzlich, wurde gesund und konnte bald auch wieder auf die Jagd gehen.

Eines Tages kam der Specht dazu, wie das Raubtier gerade einen Büffel fraß, und er dachte bei sich, nun wollen wir den Löwen doch einmal auf die Probe stellen. Er setzte sich in seine Nähe und sagte: »O Löwe, ich habe dir einmal einen Dienst erwiesen. Wie wäre es? Ich würde nun gern von dir eine Gegengabe erhalten.«

Da hob das Raubtier den Kopf von seinem blutigen Mahl und brummte ungeduldig: »Du, Vogel, ich nähre mich einzig von Blut und lebe vom Morden. Du kannst von Glück reden, dass du überhaupt noch am Leben bist.«

Da nickte der Bodhisatta lächelnd und sprach die Verse:

Wer für den ihm erwiesnen Dienst
Keinen Gegendienst erweist,
Wer keine Dankbarkeit besitzt,
Bei dem ist jede Wohltat ganz vergebens.

Wer trotz des ihm erwiesnen Dienstes
Von Freundlichkeit nichts wissen will,
Dem sei nicht böse, schilt ihn nicht,
Doch mache rasch dich fort von ihm.

Mit diesen Worten öffnete er die Flügel und flog, ohne den Löwen eines weiteren Blickes zu würdigen, davon.

Ehrlichkeit

Eine »unnötige« Lüge nicht zu sagen oder eine belanglose Wahrheit auszusprechen hat oft mehr mit Faulheit oder Phantasielosigkeit zu tun als mit Ehrlichkeit. Ehrlichkeit erfordert Mut – die Bereitschaft und den Willen, die Wahrheit über die eigene Sicherheit zu stellen. Ein berühmtes modernes Beispiel für diese »echte« Ehrlichkeit war Mahatma Gandhis *satyâgraha*, sein »Festhalten an der Wahrheit«, das heißt, an dem zutiefst als wahr Erkannten, ohne Rücksicht auf mögliche Folgen für das eigene Leben.

Der Zauberspruch

Einst zog der Sohn eines Priesters, dessen Familie an Malaria gestorben war, durch das Land. So kam er in ein Dorf, das von Chandâlas, kastenlosen Unberührbaren, bewohnt wurde. Einer von ihnen war der Bodhisatta. Er war weise und klug und kannte einen Zauberspruch, der bewirkte, dass jeder Baum, vor dem er ihn aufsagte, sofort reife Früchte trug, gleich welche Jahreszeit gerade war – und mit dem Verkauf dieses Obstes verdiente er sich seinen Lebensunterhalt.

Der junge Brahmane kam zufällig gerade des Weges, wie der Bodhisatta vor einem Mangobaum stand, den Spruch murmelte und als Opfergabe ein wenig Wasser auf dessen Wurzeln goss. Im selben Augenblick fielen die alten Blätter ab, es sprossen frische neue, die Blüten gingen auf und verblühten wieder, und die Früchte reiften. Sobald sie abfielen, sammelte der Bodhisatta sie auf und ging mit ihnen zu seiner Hütte, um sie später zu verkaufen.

Der junge Brahmane hatte mit großem Erstaunen alles mit angesehen und wollte nun unbedingt erfahren, wie der Zauberspruch lautete. Er lief zum Haus des Chandâlas, wartete vor der Tür auf ihn, nahm ihm höflich den Korb mit den Früchten ab und stellte ihn diensteifrig dorthin, wo der weise Mann ihn haben wollte. Der Bodhisatta erkannte jedoch in seiner Weisheit, weshalb der junge Mann gekommen war, und dachte bei sich: »Dieser Brahmane ist ein schlechter Mensch, der Spruch wird nicht bei ihm bleiben.«

Der Brahmane aber wollte die Sache nicht aufgeben und bot sich demütig dem Chandâla als Diener an. Er verrichtete alle niederen Arbeiten, wie etwa Feuerholz zu holen oder zu kochen, dem Bodhisatta die Füße zu waschen und dergleichen mehr. Als die Frau des Bodhisatta einige Monate später ein Kind gebar, und der junge Mann auch noch bei der Entbindung half, sagte die Frau endlich zu ihrem Mann: »Dieser Brahmane verrichtet alle niederen Dienste nur, um den Zauberspruch zu erfahren. Mag er nun bei ihm bleiben oder nicht, was kümmert das uns? Bitte, lieber Mann, gib ihn ihm doch!«

Da willigte der Bodhisatta ein. Er nahm den Diener beiseite und sagte ihm feierlich den Spruch auf. Dann ermahnte er ihn: »Mein Sohn, diese Zauberformel ist unschätzbar. Du wirst mit ihrer Hilfe großen Ruhm und Reichtum erlangen. Wenn dich aber jemand fragt, von wem du sie hast, so darfst du mich nie, niemals verleugnen. Wenn du dich schämst einzugestehen, dass du ihn von einem Chandâla bekommen hast, und stattdessen eine Lüge sagst, wird der Spruch dir nicht mehr zu Diensten sein.«

»O Herr«, sagte da der Brahmane froh, »warum sollte ich dich verleugnen? Das wird nie geschehen.« Er bedankte sich und zog nach Benares, wo er von nun an wie sein Lehrer vom Obstverkauf lebte und viel Geld damit verdiente.

Eines Tages gelangte eine seiner reifen Mangos auch auf die Tafel des Königs, der sich sehr darüber wunderte, dass es jetzt, zur völlig falschen Jahreszeit, irgendwo in der Nähe einen Baum mit reifen Früchten geben sollte. Er ließ nachfragen, woher das Obst stammte, und erhielt die Auskunft, ein junger Brahmane verkaufe es. Da befahl der König, der junge Mann möge von nun an alle seine Früchte nur ihm bringen. Und so geschah es auch.

Nach und nach lernten König und Brahmane sich auch persönlich kennen, und irgendwann einmal fragte der Herrscher neugierig: »Sag mir doch, junger Freund, woher bekommst du all die schönen Früchte? Schenkt sie dir ein Schlangenkönig oder ein Kobold oder gar ein Gott, oder kennst du einen Zauberspruch, mit dem du sie zur Unzeit reifen lässt?«

Da konnte jener sich nicht beherrschen und antwortete: »Nein, ich bekomme sie von niemandem geschenkt, aber ich kenne einen unschätzbaren Zauberspruch, durch dessen Kraft ich die Früchte erhalte.«

Da bat ihn der König eindringlich, ihm doch die Wirkung des Spruches an einem Baum vorzuführen, und eitel, wie der Brahmane nun einmal war, willigte er schließlich ein. So gingen sie anderntags gemeinsam in den Park zu einem Mangobaum. Der Brahmane murmelte den Spruch, besprengte, wie er es gelernt hatte, den Baum mit Wasser, und kurz darauf sprossen die Blätter, blühten die Knospen, wuchsen die Früchte und fielen die reifen Mangos zu Boden. Alle, die dieses Wunder mit angesehen hatten, fingen laut an zu jubeln.

Der König fragte den jungen Mann erstaunt: »Von wem hast du denn diesen wunderbaren Spruch gelernt?«

Da zögerte der Brahmane und dachte bei sich: »Wenn ich sage, ich hätte ihn von einem Chandâla, könnte das meinem Ansehen beim König schaden. Ich kenne nun die Zauberformel in- und auswendig, sie wird mir schon nicht verloren gehen.« Und er sagte laut: »Von einem ehrwürdigen weltberühmten Brahmanen-Lehrer aus Takkasila habe ich den Spruch erfahren.«

Im selben Augenblick, als er dies sagte, verlor der Brahmane die Macht über den Zauberspruch, und als der König das nächste Mal reife Früchte von ihm haben wollte, konnte er sie ihm nicht bringen. Er entschuldigte sich zwar damit, es sei im Augenblick keine gute Konstellation für einen Zauber, aber der König, der dergleichen noch nie von ihm gehört hatte, glaubte ihm nicht und sagte ihm das auch.

Da wusste der junge Mann, dass er dem König besser die Wahrheit erzählen sollte, und gestand ihm, er habe ihn belogen und nun seine Strafe dafür erhalten.

> Als du mich fragtest, Fürst, sprach ich aus Feigheit,
> Obwohl ich anders es versprochen, eine Lüge;
> Nicht vom Brahmanen, vom Chandâla lernt ich's.
> Daher verlor den Zauber ich und weine kläglich.

Der König aber dachte bei sich: »Dieser schlechte, jämmerliche Mensch hat einen wahren Schatz nicht in Ehren gehalten, und das nur, weil sein Gönner ein Chandâla ist.« Und er sagte zornig: »Höre, es ist doch vollkommen gleichgültig, zu welcher Kaste der gehört, der dir diese Weisheit schenkte. Allein dadurch, dass er dir die Zauberformel gab, ist er geadelt. Was bist du nur für ein undankbarer Lügner!« Und er befahl seinen Dienern, den jungen Brahmanen hinauszuwerfen.

Die Diener hatten Mitleid mit dem Armen und rieten ihm, sein Glück noch einmal bei dem Bodhisatta zu versuchen. Wenn er seine Gabe zurückerhielte, würden sie sich bei ihrem Herrn für ihn verwenden, dass er wie bisher in Benares sein Obst verkaufen dürfe. Bis dahin, daran könnten sie leider nichts ändern, sei er aus der Stadt verbannt.

Weinend und bekümmert ging der junge Brahmane daraufhin noch einmal in das Dorf, in dem der Bodhisatta lebte. Als dieser ihn kommen sah, wusste er gleich, was geschehen war, und der Brahmane erzählte ihm, nachdem er ihn ehrfürchtig begrüßt hatte, auch wahrheitsgemäß, dass er ihn vor dem König verleugnet hatte. Mit Tränen in den Augen bat er um Verzeihung für sein Vergehen und flehte den Bodhisatta an, ihm noch einmal Macht über den Spruch zu verleihen. »Wie ein Blinder, so bin auch ich gestrauchelt. Vergib mir, o Herr!«

Der Bodhisatta aber erwiderte: »Höre, mein Sohn, wenn man einen Blinden anweist, den Fuß einer Stufe wegen zu heben, so befolgt er, wenn er klug ist, diesen Rat. Dann strauchelt er nicht. Ich habe dich den Spruch gelehrt und dich angewiesen, mich nicht zu verleugnen. Du aber hast den Schatz, den sonst niemand hatte, aus Dummheit und Feigheit durch deine Lüge verloren.«

Dem Toren, dem Verwirrten, Undankbaren,
Dem Ungezügelten, der Lügen spricht,
Dem will ich solchen Zauber nicht mehr geben.
Warum sollt ich auch? Geh fort, ich mag dich nicht.

Als der junge Brahmane sah, dass er den Bodhisatta nicht umstimmen konnte, verließ er den Ort. Da er nicht nach Benares zurückkehren durfte, ging er in die Einsamkeit, wo er schließlich Hungers starb.

* * *

Der Baumverehrer

Ein armer Brahmane dachte eines Tages bei sich, es könne ihm vielleicht von Nutzen sein, einen Baum und die darin wohnende Gottheit zu verehren, so wie es die meisten Menschen zu seiner Zeit taten. Er begab sich also in einen nahe gelegenen Wald und suchte nach einem schönen alten Baum.

Nach einer Weile fand er einen Palasa-Baum, den er für geeignet hielt. Er war sehr alt und sah so aus, als könne durchaus eine Gottheit in ihm hausen. Der Brahmane säuberte rings um ihn den Boden, entfernte das Unkraut und kehrte den Dreck zusammen. Dann streute er um seine Wurzeln feinen Sand, zündete Räucherwerk an, hängte Blumengirlanden in seine Zweige und stellte ein kleines Öllämpchen vor ihm hin. Zum Schluss sagte er zum Baum:

»Nun wünsche ich dir eine gute Nacht!«, umwandelte ihn ehrfurchtsvoll und ging nach Hause.

Am nächsten Tag kam er frühmorgens wieder und fragte die Baumgottheit, die kein anderer als der Bodhisatta in einer seiner Existenzen war, ehrerbietig, ob sie gut geschlafen habe.

Nachdem der Brahmane den Baum viele Tage lang auf diese Weise verehrt hatte, dachte der Bodhisatta bei sich: »Es würde mich doch interessieren, aus welchem Grund der Mann sich eine solche Mühe macht.« Und als er das nächste Mal kam, nahm die Gottheit die Gestalt eines alten Brahmanen an und fragte ihn: »Höre, Freund, du fragst unermüdlich den, der nichts hört und nichts versteht, ob er gut geschlafen habe. Warum tust du das?«

Da antwortete der Brahmane mit folgender Strophe:

Vereinzelt steht der große Baum,
Erhöht: Man merkt, dass ihn ein Gott bewohnt;
Darum verehre ich den Palasa
Und seine Gottheit – und auch des Geldes wegen.

Der Bodhisatta war von der Aufrichtigkeit des Mannes so angetan, dass er zu ihm sagte: »Ich, o Brahmane, bin selbst die Gottheit, die du verehrst. Fürchte dich nicht, ich werde dafür sorgen, dass du Geld bekommst.«

Er beschrieb ihm daraufhin einen bestimmten Baum im Wald, unter dessen Wurzeln ein Schatz liege, der niemandem gehöre. »Da er für einen Menschen aber zu schwer zu tragen wäre, werde ich ihn selbst zu dir nach Hause bringen. Du aber, Freund, sag auch in Zukunft stets die Wahrheit, tue mit dem Geld Gutes und halte die Gebote ein.« Der Brahmane bedankte sich, tat wie geheißen und führte auch als reicher Mann ein rechtschaffenes Leben, indem er einen großen Teil seines Vermögens nach und nach an die Armen verschenkte.

Einsicht

»Einsicht« ist hier als das Einsehen eines eigenen Fehlverhaltens zu verstehen. Sie ist damit die wichtigste Voraussetzung einer Umkehr, vielleicht sogar einer Bekehrung. Nur wenn ich einsehe, dass ich einen Fehler begangen habe, kann ich vermeiden, ihn künftig zu wiederholen. Nur wenn ich einsehe, dass ich mein bisheriges Leben nach falschen, mich oder andere Wesen schädigenden Wertvorstellungen – wie der Befriedigung meiner Gier, meiner Eitelkeit, meiner Lust – ausgerichtet hatte, kann ich versuchen, einen neuen, positiven, heilvollen Weg einzuschlagen.

Einsicht führt natürlich nicht automatisch zur Besserung, wohl aber ist sie ihre unerlässliche Vorbedingung.

Die Mahlzeit des Dämons

Einstmals wurde der Bodhisatta als Sohn eines armen Mannes wiedergeboren und erhielt den Namen Sutana. Als er erwachsen war, nahm er eine Arbeit an und ernährte mit dem Lohn nach dem Tod seines Vaters sich und seine Mutter.

Zu jener Zeit hatte der König von Benares große Freude an der Jagd, und zwar liebte er ganz besonders das Fleisch von Gazellen. Als er eines Tages wieder mit seinem Gefolge im Wald war, scheuchten seine Treiber eine Gazelle in Richtung des mit dem gespannten Bogen wartenden Königs. Sie aber warf sich platt auf den Boden, und als der König zu ihr hinging, um zu schauen, ob sie tot war, sprang sie auf und rannte tiefer in den Wald hinein. Zornentbrannt lief der König hinterher und schaffte es schließlich nach langer Verfolgung, das Tier zu erlegen. Durch die Jagd aber war er müde geworden, und so setzte er sich mit seiner Beute unter einen großen alten Baum.

Doch wohnte in diesem Baum ein Dämon namens Makhadeva, dem Sakka, der Götterkönig, einst erlaubt hatte, jeden aufzufressen, der sich unter seinem Baum niederließ. Sobald also der König aufstand und gehen wollte, rief Makhadeva: »He, hiergeblieben! Ich muss dich auffressen!«

»Wer bist du denn?«, fragte der König erschrocken.

»Ich bin ein Dämon und darf alle auffressen, die sich unter meinen Baum setzen.«

Da dachte der König eine Weile nach und sagte dann: »Warum willst du nur heute etwas fressen? Wenn du mein Leben verschonst, könnte ich dafür sorgen, dass du jeden Tag jemanden zum Fressen bekommst.«

»Hm«, überlegte der Dämon, »du hast Recht. Es wäre mir lieber, jeden Tag jemanden fressen zu können.«

»Gut«, entgegnete da der König erleichtert, »nimm für heute diese Gazelle hier, und ab morgen bekommst du jeden Tag einen Menschen und obendrein eine Schüssel Reisbrei.«

Der Dämon willigte ein, erklärte aber drohend zum Abschied: »Achte nur gut darauf, dass du auch nicht einen Tag versäumst und dein Wort wirklich einlöst, denn sonst werde ich *dich* auffressen.«

Da richtete sich der König zu seiner vollen Größe auf: »Ich bin der König von Benares, und was ich sage, das halte ich auch!«

Damit ging er. Zurück in Benares, beriet er mit seinem Minister, was zu tun sei. »Hast du dem Dämon keine zeitliche Grenze der Menschenopfer genannt?«, fragte dieser.

»Nein«, gestand der König.

»Das war nicht sehr klug von dir«, meinte da der Ratgeber und wiegte bedenklich den Kopf, »aber keine Sorge. Unsere Gefängnisse sind voll. Das reicht eine Weile.«

So wurde jeden Tag ein Mann aus dem Gefängnis geholt und mit einer Schale Reisbrei zu dem Dämon geschickt, der beides vertilgte. Nach einiger Zeit waren aber alle Gefängnisse leer, und der König fragte seinen Minister: »Und nun? Was machen wir jetzt?«

»Fürst«, sagte der Minister nach einigem Nachdenken, »die Geldgier ist stärker als die Lebenslust. Wir werden einen Elefanten mit Goldstücken beladen, ihn mit Trommeln durch die Straßen führen und bekannt machen, dass derjenige, der dem Dämon eine Schale mit Reisbrei bringt, das ganze Geld erhält.«

Der König willigte ein, und anderntags zogen Diener mit dem Elefanten durch Benares. Zufällig hörte der Bodhisatta, was sie riefen, und dachte bei sich: »Ich habe so wenig Geld und kann kaum meine Mutter ernähren. Ich will es versuchen! Wenn der Dämon mich frisst, wird wenigstens meine Mutter genug Geld zum Leben haben.«

Er ging froh nach Hause und erzählte seiner Mutter von seinem Vorhaben. Sie aber weinte und wollte ihn unbedingt davon abhalten. Sie hätten genug zum Leben, meinte sie, und mehr brauche sie nicht.

Sutana ging dennoch heimlich zum König und bot sich als Freiwilliger an. Allerdings stellte er die Bedingung, zuerst das Geld seiner Mutter bringen zu dürfen. Der König, froh, ein neues Opfer gefunden zu haben, gab seine Einwilligung, und Sutana trug die vielen Goldstücke nach Hause. »Mutter«, sagte er tröstend, »nun weine doch nicht. Ich werde den Dämon schon besiegen und dadurch vielen Menschen das Leben retten. Ich werde zurückkehren und dein Gesicht wieder lächeln sehen.«

Bevor er sich auf den Weg in den Wald machte, in dem der Dämon hauste, bat er den König um seine goldenen Schuhe. »Wozu brauchst du die?«, fragte der erstaunt.

»Nun, es ist so, dass der Dämon, wie ich weiß, denjenigen fressen darf, der den Boden unter seinem Baum betritt. Wenn ich aber Schuhe trage, werden meine Fußsohlen den Boden nicht berühren.« Der König nickte und gab ihm seine Schuhe.

»Brauchst du noch etwas?«

»Ja, Herr, deinen Sonnenschirm!«

»Und wozu das?«

»O Großkönig, der Dämon darf nur diejenigen fressen, die sich im Schatten seines Baumes befinden. Ich dagegen werde im Schatten deines Sonnenschirmes bleiben. So hat er keine Macht über mich.«

Wieder wurde ihm das Verlangte bewilligt.

Nun bat der Bodhisatta noch um das Schwert des Königs.

»Und wozu das?«

»Weil Dämonen sich vor denjenigen fürchten, die eiserne Waffen in Händen halten.«

Als Letztes wünschte der Bodhisatta sich noch, dass man ihm statt des gewöhnlichen Reisbreis in einer normalen Schüssel den besonderen Brei mitgab, der nur für den König gekocht wurde, und außerdem dessen goldene Schüssel.

Nachdem er alles Gewünschte erhalten hatte, verabschiedete er sich von dem König, der von der Klugheit des Sutana sehr beeindruckt war, und sagte ihm, er werde ihn von dem Dämon befreien.

Dann machte er sich auf den Weg in den Wald. Als er mit seinen Begleitern in der Nähe des Baumes angekommen war, in dem Makhadeva wohnte, zog er die goldenen Schuhe an, gürtete sich das Schwert um, hielt den Sonnenschirm über sich und nahm die Schüssel mit dem Reisbrei. So ausgerüstet ging er zu dem Dämon hin.

Als der ihn von fern sah, dachte er bei sich: »Irgendwas ist bei diesem Mann anders als bei den bisherigen«, und er wunderte sich. Unterdessen war der Bodhisatta bei dem Baum angelangt. Er achtete aber darauf, dass er im Schatten seines Sonnenschirms blieb, und schob lediglich die Schüssel mit dem Reisbrei mit der Spitze seines Schwertes unter den Baum. Dann sagte er: »O Makhadeva, wenn du hier wohnst, so komm heraus. Hier ist eine Schüssel mit köstlichem Reisbrei, die dir der König schickt.«

Da entgegnete der Dämon: »Komm nur her, o Jüngling, mit der Schüssel, denn auch dich darf ich auffressen.«

Der Bodhisatta rührte sich nicht von der Stelle und sagte ruhig: »O Dämon, sei klug. Menschen bekommst du nämlich von nun an keine mehr, und wenn du den König gefressen hast, hast du überhaupt nichts mehr. Du kannst aber täglich eine solche Schüssel Reisbrei bekommen, wenn du damit einverstanden bist und den König verschonst.«

> Um eines kleinen Vorteils willen willst du
> Größeren Vorteils dich berauben:
> Nicht werden dir dein Mahl mehr bringen
> Die Leute, die den Tod ja fürchten.

Da dachte der Dämon nach und sah ein, dass der Bodhisatta Recht hatte und dass es besser sei, täglich leckere Speisen zu bekommen als nur einmal noch einen Menschen. So brummte er schließlich: »Also gut. Du kannst dem König ausrichten, dass ich einverstanden bin. Du aber kannst in Frieden ziehen.«

Der Bodhisatta rührte sich jedoch nicht von der Stelle und sagte: »Höre, Makhadeva. Du hast so lange gemordet und vom Blut und Fleisch unschuldiger Wesen gelebt. Es ist nun an der Zeit, dass du damit aufhörst und ein tugendhaftes Leben führst. Ich werde dir dabei helfen und dir eine Wohnung in der Stadt besorgen. Sei klug und vernünftig und komm mit mir.«

Da ließ der Dämon sich bekehren und ging mit Sutana nach Benares. Als der König sie kommen sah und merkte, dass der Dämon von nun an ein anderes Leben führen wollte, ließ er ihm eine schöne Wohnung anweisen und täglich leckeres Essen bringen. Den Bodhisatta aber machte er zu seinem Heerführer und hielt ihn, seinen Retter, in großen Ehren, bis er nach einem langen Leben in Frieden starb.

eintracht

Eintracht ist als der Zustand harmonischen Zusammenlebens nicht nur die Basis jedes erfolgreichen gemeinschaftlichen Handelns, sondern auch die »Atmosphäre«, in der jedes Mitglied der Gemeinschaft seine eigenen, individuellen Ziele am ehesten verwirklichen kann. Und das gilt nicht nur in weltlichen, sondern auch in spirituellen Kontexten. Aus dem Grund stiftete der Buddha einen Mönchsorden, und aus dem Grund verfolgt der ganze erste »Korb« des buddhistischen Kanons, das sehr umfangreiche Vinayapitaka (»Korb der Ordenszucht«), in gewisser Weise den einzigen Zweck, das Zusammenleben der Mönche und der Nonnen – durch Aufstellung verbindlicher Verhaltensregeln – möglichst einträchtig zu gestalten.

Wie der Wald

Eines schönen Tages ließ der Gott des Reichtums, Vessavana, allen Bewohnern von Bäumen und Sträuchern die Nachricht zukommen, sie könnten selbst entscheiden, wo sie leben wollten. Zu jener Zeit war der Buddha im Himalaya als eine Baumgottheit wiedergeboren worden. Als er von diesem Aufruf erfuhr, sagte er zu seinen Verwandten: »Passt auf, dass ihr euch nicht auf einem freien Platz ansiedelt, sondern bleibt am besten in diesem Wald alle beieinander in meiner Umgebung.« Die klugen unter seinen Brüdern und Schwestern folgten seinem Rat, die Besserwisser unter den Baumgottheiten aber wollten lieber in der Nähe der Menschen wohnen, am Eingang von Dörfern und Städten. Sie hofften, dort eher verehrt und berühmt zu werden. Es ging auch alles gut, bis ein verheerender Sturm mit Regen und Hagel über die Gegend hereinbrach. Selbst die ältesten Bäume mit den festesten Wurzeln knickten um und gingen zugrunde, nur die Bäume, die sich eng beieinander im Wald in der Nähe des Bodhisatta angesiedelt hatten, boten sich gegenseitig Schutz und blieben stehen. Da machten sich all die Baumgottheiten, die ihr Zuhause verloren hatten, auf den Weg zum Wald, wo der Bodhisatta wohnte, und klagten diesem ihr Leid. Er aber sah sie ruhig an und sprach die Strophe:

Vereint, wald-gleich, sollten Verwandte stehen;
Den Einzelbaum vernichtet ja der Sturm.

* * *

Die streitsüchtigen Wachteln

Einmal lebte der Bodhisatta als Wachtel im Wald zusammen mit vielen anderen Wachteln zufrieden und glücklich, bis eines Tages ein Jäger die Gegend unsicher zu machen begann. Er pflegte den Lockruf dieser Vögel so täuschend echt nachzuahmen, dass viele von ihnen arglos herbeikamen und er ein Netz über sie werfen konnte. Die gefangenen Vögel zappelten hilflos darin herum, bis er die Enden des Netzes zusammenzog und seine Beute mit nach Hause nahm, um die Wachteln später zu verkaufen. So verging einige Zeit, und die Zahl der Wachteln nahm nach und nach immer mehr ab.

Da dachte der Bodhisatta bei sich, er müsse etwas unternehmen, um seine Verwandten zu retten. Er überlegte eine Weile, dann rief er alle Überlebenden zusammen und sagte zu ihnen: »Liebe Brüder und Schwestern, dieser Vogeljäger wird uns noch alle töten, wenn wir uns nicht gegen ihn zur Wehr setzen. Wir sollten also Folgendes versuchen: Sobald er das Netz über euch wirft und noch bevor er

Zeit hat, es unten zuzuziehen, steckt jede von euch den Kopf durch eine der Maschen. Auf diese Weise könnt ihr alle zusammen das Netz anheben. Dann fliegt ihr damit zu einem Dorngebüsch, schlüpft darunter hervor und entflieht. Der Jäger wird einige Zeit brauchen, um das Netz wieder in Ordnung zu bringen. So könnt ihr in Ruhe weit genug fortfliegen.«

Die Wachteln stimmten dem Plan zu, und als der Jäger am nächsten Tag kam, machten es die gefangenen Vögel, wie der Bodhisatta es ihnen geraten hatte. Der Jäger hatte große Mühe, das Netz aus den Dornen zu befreien und musste unverrichteter Dinge heimkehren. Nachdem sich die Wachteln ein paar Tage lang an diesen Plan gehalten hatten und der Jäger stets ohne Beute nach Hause gekommen war, wurde dessen Frau zornig.

»Wieso fängst du keine Vögel mehr?«, fuhr sie ihren Mann an. »Was tust du mit den Wachteln? Bringst du sie vielleicht am Ende einer anderen Frau?«

»Ach, meine Liebe, so ist es nicht«, seufzte der Jäger, »aber die Wachteln halten jetzt einträchtig zusammen und befreien sich mit

einer List aus dem Netz.« Und er erzählte ihr, wie sich die Vögel verhielten und welche Mühe er immer habe, das Netz aus den Dornen zu befreien.

»Aber mach dir keine Sorgen«, sagte er abschließend, »ich bin sicher, die Wachteln werden nicht lange ein Herz und eine Seele bleiben. Sobald sie miteinander zu streiten anfangen, werde ich sie dir wieder bringen und du kannst wieder lächeln, meine Liebe.«

Solang die Vögel einig sind,
Entkommen sie mitsamt dem Netz
Doch streiten sie sich wieder erst,
Fallen sie in meine Hand.

Wenige Tage später stieß eine Wachtel mit dem Kopf aus Versehen an den einer anderen, und obgleich sie sich sofort entschuldigte, blieb die andere verärgert. Als sie später gemeinsam das Netz aufhoben, beschuldigte die andere sie, sie selbst müsse die ganze Arbeit allein tun. Und so stritten sie miteinander, und nach und nach beteiligten sich auch weitere Vögel an dem Zwist. Als der Bodhisatta das sah, schüttelte er den Kopf und sagte, dass es nun mit der Eintracht der Wachteln vorbei sei und der Jäger gewonnenes Spiel habe. Und tatsächlich, da die Wachteln sich nicht einigen konnten und sich stattdessen gegenseitig beschimpften, konnte der Jäger rechtzeitig das Netz zuziehen, und alle waren gefangen.

Da versammelte der Bodhisatta seine Anhänger und zog mit ihnen aus dieser Gegend fort.

Eitelkeit

Wer eitel ist, schöpft seine Gewissheit nicht aus sich heraus, sondern ist geradezu süchtig nach Bestätigung von außen. Der eitle Mensch setzt sein Äußeres – im Extremfall seine körperliche Erscheinung, im weiteren Sinne alles, wodurch er nach außen hin wirkt oder wirken kann – mit seinem Selbst gleich und denkt: Wenn man mich wegen meiner Schönheit, meiner Kraft, meiner Intelligenz, meines Witzes bewundert, dann bin ich bewundernswert. Damit wurzelt die Eitelkeit in mehreren Untugenden: Dummheit, Oberflächlichkeit, mangelhafter Selbsterkenntnis – und Gier.

Der tanzende Pfau

In früheren Zeiten erwählten die Vierbeiner einmal den Löwen und die Vögel den goldenen Ganter zu ihrem König. Der Goldganter nun hatte eine wunderschöne Tochter. Als sie ins heiratsfähige Alter kam, gestand ihr der Vater zu, sich ihren Ehemann selbst auszuwählen. Zu diesem Zweck ließ er alle Vögel zusammenrufen, damit sie sich gut unter ihnen umsehen könnte. So flogen sie alle herbei, große und kleine: Tauben, Adler, Pfauen, Gänse, Sperber, Spatzen und Wachteln. Als keiner mehr fehlte, rief der König seine Tochter und sagte: »Mein liebes Kind, alle Vögel sind hier versammelt. Nun wähle dir unter ihnen deinen Gatten.«

Sie sah die Gäste der Reihe nach an und erblickte schließlich den Pfau, der ihr mit seinem wunderschönen glänzenden und schimmernden Gefieder von allen mit Abstand am besten gefiel. »Dieser da, der Pfau«, sagte sie also zu ihrem Vater. »Er soll mein Gatte werden.«

Der König willigte ein und rief den Pfau herbei. »Du hast meiner Tochter so sehr gefallen, dass sie nur dich zum Mann haben will.«

Der Pfau aber dachte bei sich: »Diese Leute haben ja überhaupt noch nicht gesehen, wozu ich imstande bin«, und ließ alle Scheu fahren; er hob den Schwanz, breitete seine Federn aus und fing vor Freude an zu tanzen. Dadurch aber zeigte er seinen nackten Hintern und erzürnte damit den König.

»Dieser da«, dachte er bei sich, »hat kein Schamgefühl und ist eitel! Ihm werde ich meine Tochter ganz gewiss nicht geben!«

Und er sprach vor allen versammelten Vögeln die Worte:

Schön ist dein Gesang, schimmernd dein Rücken,
Wie Lapislazuli so blau dein Hals;
Ein ganzes Klafter messen deine Flügel.
Doch weil du tanztest, geb ich dir meine Tochter nicht.

Und er vermählte seinen Liebling mit einem anderen Goldganter. Der Pfau aber schlich sich beschämt davon – zurück in den Wald.

* * *

Die schönen Fische

Einmal stritten dort, wo Ganges und Yamuna sich vereinigen, zwei Fische miteinander darüber, wer von ihnen beiden der schönere sei. Der eine lebte im Ganges, der andere in der Yamuna.

»Ich bin der schönere!«, sagte der eine.

»Nein, ich«, widersprach der andere.

Da sahen sie am Ufer des Ganges, unweit der Stelle, wo der Bodhisatta als Gottheit in einem Baume wohnte, eine Schildkröte liegen.

»Sie soll entscheiden«, einigten sich die Fische und riefen:

»He du, liebe Schildkröte, wer von uns beiden ist nun schöner, der Gangesfisch oder der Fisch aus der Yamuna?«

Darauf sagte die Schildkröte bedächtig:

Schön sind des Ganges Fische zwar,
Und schön auch die der Yamuna,
Doch ich, ein Wesen mit vier Beinen,
Kreisrund und mächtig wie ein Baum,
Den Hals gleich einer Wagendeichsel –
Ich bin viel schöner noch als alle.

Die Fische riefen empört: »O, du böse Schildkröte! Danach haben wir dich doch gar nicht gefragt!«

Was wir dich fragten, sagst du nicht;
Wir wollten etwas andres wissen.
Wenn einer nur sich selber lobt,
Kann er uns nimmermehr gefallen!

Der Bodhisatta aber hatte alles mit angesehen und erzählte diese Geschichte später zur Belehrung seinen Schülern.

Entsagung

Da die Lebensgier – oder der »Durst«, wie die Buddhisten sagen – die Ursache des leidvollen Kreislaufs der Wiedergeburten ist, bedeutet die Lossagung von den weltlichen Freuden den Einstieg in den Weg zum Nirvana, zum Ende des Leidens, von dem der Buddha sagte:

> Da er aller Wünsche ledig, ist der Kreislauf gebrochen;
> Ausgetrocknet ist der Strom der Begierden; nicht weiter
> Rollt das gebrochene Rad – des Leidens Ende ist erreicht.

Aber auch für den Laien, den Menschen also, der noch nicht nach der Erlösung strebt, sondern lediglich nach den karmischen Bedingungen für eine bessere Wiedergeburt, ist mehr oder weniger weit gehende Entsagung ein wertvoller Helfer, denn nur das, woran wir hängen, kann uns Leiden bereiten.

Die verschwundenen Lotosstängel

Es lebte einmal ein reicher Brahmane, der mit seiner Frau sieben Söhne und eine Tochter hatte. Als der älteste Sohn, Mahakanchanakumara, was so viel bedeutet wie großer Goldprinz, herangewachsen war, wollten seine Eltern ihm eine Braut suchen. Er, der Bodhisatta, schüttelte jedoch den Kopf: »Nein, liebe Eltern, für mich ist diese Art von Leben nichts, ich möchte irgendwann in den Wald gehen und alles Weltliche hinter mir lassen. Ihr habt ja noch andere Söhne, die sicher bei euch bleiben werden.«

Als aber die Eltern ihre anderen Söhne und ihre Tochter verheiraten wollten, gaben diese dieselbe Antwort. Die Geschwister blieben zwar zuhause, solange die Eltern lebten, dann allerdings verschenkten sie ihr gesamtes Hab und Gut und gingen alle zusammen, nur begleitet von einer Dienerin, in den Himalaya. Hier suchten sie sich im Wald in der Nähe eines mit Lotosblumen bewachsenen Teiches einen schönen Platz, errichteten mehrere Laubhütten und ernährten sich von dem, was ihnen die Natur bot.

Sie hatten nun zunächst die Angewohnheit, stets alle zusammen auf Nahrungssuche zu gehen und dabei angeregt zu schwatzen und sich zu unterhalten. So glich der Wald einem viel besuchten Dorfplatz. Irgendwann sagte der älteste der Brüder, der zu ihrem Oberhaupt erkoren worden war, daher zu ihnen: »Meine Lieben, wir haben der Welt den Rücken gekehrt, um in der Einsamkeit zu leben, es ist nicht richtig, dass wir stets ein solches Getümmel und solchen Lärm im Wald veranstalten. Von nun an soll immer nur einer von uns auf Nahrungssuche gehen und für die anderen, die derweil in Ruhe Askese üben, mit sammeln und ernten. Am nächsten Tag wird dann durch Los ein anderer bestimmt, und so wollen wir es in Zukunft halten. Als Erster werde ich selbst gehen.«

Da widersprachen seine Brüder und sagten, er als ihr Oberhaupt solle zusammen mit der Schwester und ihrer Dienerin in der Einsiedelei bleiben, und die übrigen acht Männer wollten sich die Nahrungssuche teilen. Um das Schweigen zu wahren, vereinbarten sie, die Portionen für alle auf einer Steinbank auszulegen. Ein Gongschlag würde dann allen mitteilen, dass das Essen bereitliege. Zusammenkommen wollten sie von nun an nur noch bei besonderen Anlässen.

Wie sie es verabredet hatten, so hielten sie es auch, und da durch diese Regelung jeder genug Zeit zum Meditieren hatte, erlangten sie bald alle Tugenden und Kräfte. Die dadurch angehäufte, gebündelte spirituelle Macht bewirkte schließlich, dass der Thron des Götterkönigs immer heißer und heißer wurde, und Sakka sah sich auf der Welt um, um herauszufinden, was wohl der Grund dafür sein könnte. Da bemerkte er die neun Weisen in ihrer Einsiedelei und gedachte, sie ein wenig auf die Probe zu stellen. Mit Hilfe seiner göttlichen Fähigkeiten ließ er drei Tage lang die Portion an Lotosstängeln, die dem Bodhisatta als tägliche Nahrung zugedacht war, verschwinden.

Am ersten Tag wunderte sich der Goldprinz nur und dachte, man habe ihn einfach vergessen. Am zweiten Tag sagte er sich: »Ich habe wohl etwas falsch gemacht, und die anderen wollen mir das auf diese schonende Weise klarmachen.« Am dritten Tag aber erforschte er sein Gewissen und fragte sich, worin seine Schuld bestehen mochte, da er sich beim besten Willen keines Vergehens bewusst war. So beschloss er endlich, die Geschwister zu fragen.

Nachdem die Abendessenszeit vorbei war, schlug er also den Gong, und alle kamen herbei und erkundigten sich, was geschehen sei.

»Wer von euch«, fragte der Bodhisatta freundlich, »hat denn vor drei Tagen das Essen gesammelt?«

Einer der Brüder stand auf und sagte ehrerbietig: »Ich, o Herr!«

»Und hast du auch für mich einen Teil bereitgelegt?«

»Selbstverständlich habe ich auch für unseren Lehrer eine Portion hingelegt.«

»Und wer hat gestern für Nahrung gesorgt?«, fragte der Bodhisatta weiter. Ein anderer Bruder meldete sich und bestätigte ebenfalls, ihm seinen Anteil hingelegt zu haben. Auch derjenige, der an diesem Tag im Wald gewesen war, erklärte, alles gerecht aufgeteilt zu haben.

Da sagte der Bodhisatta: »Liebe Brüder, heute ist der dritte Tag, an dem ich mein Essen nicht erhalten habe. Ich muss also herausfinden, wer meine Portion jedes Mal gestohlen hat. Für Asketen ist es unpassend, auch nur einen Lotosstängel zu stehlen.«

Als die anderen das hörten, gerieten sie ganz außer sich und erregten sich sehr über diese Sache. Einer von ihnen stand rasch auf und erklärte, er wolle sich selbst durch einen Eid von dem Verdacht reinigen, er sei der Dieb gewesen, und als der Bodhisatta dazu nickte, sagte er feierlich: »Ich wünsche demjenigen, der dir, o Brahmane, die Lotosstängel nahm, dass er eine liebenswürdige Frau bekommt, ein Pferd und einen Ochsen, Gold und Silber und viele Kinder!« Damit aber wünschte er dem Dieb die Freuden der gewöhnlichen Menschen, denn ein Dieb ist es nicht wert, ein Asket zu sein.

So schworen nacheinander auch alle anderen in ähnlicher Weise, während Sakka unsichtbar dabei stand und zuhörte. Als alle geschworen hatte, dachte der Bodhisatta, dass es nun auch an ihm sei, zu schwören, dass er selbst gleichfalls nicht gelogen habe, als er erklärt hatte, drei Tage lang sein Essen nicht erhalten zu haben, und er sagte:

> Wer von Verlust spricht und hat nichts verloren,
> Der möge alle Sinnenfreuden kosten;
> In einem weichen Bett mag ihn der Tod ereilen –
> Genauso den, der solches auch nur denkt, ihr Brüder.

Da nahm Sakka sichtbare Gestalt an, erschien vor den Asketen und fragte: »Warum sind die Sinnenfreuden und Lüste für Asketen etwas Unwillkommenes, wo doch alle übrigen Wesen auf der Welt sie ständig preisen und danach verlangen?«

Da wandte sich der Bodhisatta ihm zu und entgegnete:

> Die Lüste sind der Wesen Tod und Fessel,
> Die Sinnenfreude zeugt Gefahr und Leid;
> Durch Lust betört, du Herrscher aller Wesen,
> Tun böse Taten die Verblendeten.

Als Sakka diese Worte hörte, gab er zerknirscht zu: »Ich war es, der drei Tage lang die Lotosstängel gestohlen hat. Ich wollte damit eure Gesinnung auf die Probe stellen.«

Da sprach der Bodhisatta erzürnt:

Wir sind nicht deine Puppen, nicht dein Spielzeug,
Nicht dir verwandt und auch nicht deine Freunde.
Aus welchem Grund, o Tausendäugiger,
treibst du dein Spiel mit Weisen, Götterkönig?

Da bat Sakka ihn und seine Gefährten um Vergebung für sein unrechtes Verhalten. Er bezeigte ihnen seine Verehrung, und die Asketen erklärten freundlich, es sei ihnen eine Ehre gewesen, den großen Götterkönig kennen gelernt zu haben. Sakka kehrte zurück in die Götterwelt, und die Weisen gelangten nach ihrem Tod in die Brahma-Welt.

* * *

Glücklich, wer nichts besitzt

Der Bodhisatta wurde in einer seiner Existenzen Hauspriester des Königs von Benares. Doch eines Tages beschloss er, sein Amt niederzulegen und fortan als Einsiedler im Wald zu leben. Er bat den König, ihn ziehen zu lassen, und machte sich auf den Weg in die Einsamkeit. Da sah er in einer Stadt, wie ein Falke herabstieß, sich ein Stück Fleisch stahl und wieder in die Luft emporschwang. Sofort war er von vielen anderen Vögeln umringt, die ihm seine Beute streitig machen wollten und ihm mit Schnäbeln, Flügeln und Krallen zusetzten.

Als der Falke den Schmerz nicht mehr aushalten konnte, ließ er das Fleisch fallen. Ein anderer Vogel nahm es sich, und sofort stürzten sich die anderen auf ihn, bis auch er zu viel bekam und das Fleisch wieder fallen ließ. Der Bodhisatta stand da und sah zu, wie die Vögel einer nach dem anderen ihr Glück versuchten, angegriffen wurden und schließlich, zwar ohne Fleisch, dafür in Frieden ihrer Wege ziehen konnten.

Die Lüste, so dachte er bei sich, gleichen diesem Fleischstück.

Wer ihnen frönt, ist unglücklich, wer sie aber aufgibt, der lebt glücklich.

Solange einer etwas hatte,
Hackten die andern auf ihn ein
Und trachteten, ihn zu berauben.
Doch den Besitzlosen schonten sie.

Als es Abend wurde, machte er in einem Dorf Rast. In dem Haus, in dem er unterkam, wohnte eine Dienerin, die mit ihrem Schatz eine Verabredung für denselben Abend getroffen hatte. Sobald sie mit ihren Arbeiten fertig war, setzte sie sich also, schön gekleidet und geschmückt, auf die Türschwelle und wartete auf ihren Liebsten. Sie wartete eine Stunde, zwei Stunden, und immer dachte sie: »Gleich muss er kommen.« So verging allmählich die ganze Nacht, der Mann aber erschien nicht. Als der Morgen dämmerte, verlor sie schließlich die Lust und legte sich endlich schlafen.

Der Bodhisatta aber, der von Zeit zu Zeit erwacht war und sie dort hatte sitzen sehen, dachte erneut: »Sie hat stundenlang dort gesessen, von ihrer Lust getrieben, und unruhig gewartet. Nun aber, da sie die Lust verloren hat, schläft sie ruhig und friedlich. Die Begierden sind ein wahres Unglück, von dieser Lust befreit zu sein, aber ist ein Glück!«

Am anderen Tag zog er weiter und sah in einem Wald einen Asketen in Meditation versunken sitzen. Da dachte er:

Was gäbe es Bessres als den Frieden
In dieser Welt und anderswo?
Sich selbst nicht, andre nicht verletzt,
Wer diesen Frieden hat gefunden.

Und er ging frohen Herzens zu dem Ort, wo er sich niederlassen wollte, und gelangte nach vielen Jahren, die er glücklich in der Einsamkeit verbracht hatte, in die Brahma-Welt.

In einem Dorf lebte einst ein Töpfer mit seiner Familie. In der Nähe seines Wohnortes lag ein großer See, und in der Regenzeit floss dessen überflutendes Wasser in einen breiten Fluss ab. In der Trockenzeit aber bestand keine Verbindung zwischen See und Fluss, und der Wasserspiegel sank so stark, dass das Leben der Wassertiere bedroht war. Fische und Schildkröten wissen allerdings stets im Voraus, wie das Wetter werden wird, und so erkannten sie einmal auch, dass eine Dürre nahte.

Darum verließen sie den See und wanderten in den Fluss, um die karge Zeit dort zu verbringen. Nur eine einzige Schildkröte dachte bei sich: »Nein, ich gehe nicht. Ich bin hier geboren, ich bin hier aufgewachsen, hier haben meine Eltern gelebt. Ich kann diesen See nicht verlassen.« Und sie blieb da.

Die Trockenzeit kam, und der See trocknete vollkommen aus. Da grub die Schildkröte an der Stelle, wo der Töpfer, der Bodhisatta in einer seiner Existenzen, seinen Lehm zu holen pflegte, ein Loch und kroch hinein, um hier auszuharren, bis es wieder regnete. Kurz darauf kam der Bodhisatta mit seinem Spaten und stieß so kräftig in den Schlamm, dass er den Panzer des Tieres zerhieb. Sterbend sagte die Schildkröte: »Ich muss nun mein Leben lassen, weil ich meinen Platz nicht verlassen wollte.«

Und sie ergänzte:

> Wo immer er in Frieden lebt,
> Dort sieht der Weise seine Heimat.
> Besser ist's, obdachlos zu leben, als
> Im eignen Haus den Tod zu finden.

Damit starb sie. Der Bodhisatta aber hatte die Worte der Schildkröte verstanden. Er nahm das tote Tier, ging mit ihm in sein Dorf, rief seine Nachbarn zusammen und sagte: »Diese Schildkröte wollte nicht mit den anderen Tieren den See vor der Trockenzeit verlassen. Sie wollte bleiben, wo sie geboren und aufgewachsen war, und nicht in die Fremde gehen. Aus diesem Grund musste sie sterben. Ihr aber werdet nicht wie sie! Ihr sollt von nun an nicht mehr denken: Das ist mein Körper, das sind meine Sinne, das ist mein Sohn oder meine Tochter. Das sind meine Diener, und das ist mein Geld. Klammert euch nicht an diese Dinge.«

So ermahnte der Bodhisatta die Dorfbewohner, und seine Ermahnung breitete sich aus und blieb siebentausend Jahre gültig, und alle, die ihr folgten, kamen in den Himmel.

* * *

Von der Furchtlosigkeit

Einmal wurde der Bodhisatta in einer Brahmanen-Familie wiedergeboren. Als er heranwuchs, erkannte er mehr und mehr, wie sündig das Leben ist, das stets und ständig von Begierden bestimmt wird. Und so beschloss er eines Tages, dieser Art von Dasein zu entsagen. Er verabschiedete sich von den Seinen und machte sich auf in die Berge des Himalaya, wo er fortan als Asket lebte. Hin und wieder musste er aber in die Ebene hinabsteigen, um sich mit Lebensnotwendigem, wie vor allem Salz, zu versorgen. Als er bei einem dieser Gänge gerade dabei war, um Almosen zu bitten, begegnete er einer Karawane, die in einem Wald ihr Nachtlager aufgeschlagen hatte. Er blieb in ihrer Nähe und wanderte, während er über das Glück und die Ekstase nachdachte, am Fuß eines Baumes auf und ab.

Bald wurde es dunkel, dann Nacht, und die Reisenden und ihr Führer schliefen. Da näherten sich 500 Räuber, die es auf die Waren der Karawane abgesehen hatten. Gerade als sie drauf und dran waren, die Schlafenden zu überfallen, sahen sie den Asketen, der in Meditation versunken auf und ab ging.

»Besser wir warten, bis er schläft«, sagten die Räuber zueinander,

»sonst wird er uns am Morgen verraten.« Und sie warteten und warteten, doch der Bodhisatta dachte gar nicht daran, seine Wanderung einzustellen und zu ruhen. Und als der Morgen graute, warfen die Räuber ihre Keulen und Steine weg und riefen den erwachenden Reisenden zornig zu: »He, ihr da, ihr könnt euch bei dem Asketen bedanken. Wenn er nicht die ganze Nacht dort unter dem Baum auf und ab gegangen wäre, hätten wir euch ausgeraubt. Also ehrt ihn!«

Damit verschwanden sie. Die Leute sprangen auf die Beine, sahen die weggeworfenen Steine und Keulen und gerieten in Panik. Sie gingen zum Asketen und fragten ihn, ob das wirklich Räuber gewesen seien. Und als er bejahte, erkundigten sie sich sehr erstaunt, ob er denn keine Angst vor ihnen gehabt hätte.

»Freunde«, sagte da der Asket gelassen, »Angst vor Räubern hat der, der Geld hat. Ich habe keins, warum also sollte ich mich fürchten?« Und er ergänzte:

Frei bin ich im Dorf von aller Furcht,
Und auch im Wald ist Angst mir fremd.
Den rechten Weg hab ich betreten
In Liebe und Barmherzigkeit.

Erbarmen

Erbarmen ist tätiges Mitgefühl – ein Mitfühlen mit einem oder mehreren Wesen, das nicht im Zustand passiven Mitleidens verharrt, sondern uns zum Handeln antreibt.

Erbarmen mit allen Wesen, *karunâ*, bewog den Buddha dazu, nicht unmittelbar nach seinem Erwachen ins Nirvana einzugehen, sondern noch jahrzehntelang in der Welt zu bleiben und den Weg zur Aufhebung des Leidens zu verkünden. Erbarmen ist das, was nach Lehre des Mahayana-Buddhismus vollkommen erleuchtete Wesen veranlasst, das Bodhisattva-Gelübde abzulegen, also zu geloben, so lange auf den Eintritt ins Nirvana zu verzichten, bis das letzte Wesen vom Leiden erlöst ist.

Und schließlich ist Erbarmen die seelische Kraft, die uns davor bewahrt, über das Los »der Armen«, »der Obdachlosen«, »der Hungernden«, »der Dritten Welt« zu seufzen, ohne irgendetwas zu unternehmen.

Die hungernde Tigerin und ihre Jungen

Einst wurde der Bodhisatta als dritter Sohn eines Königs wiedergeboren und erhielt den Namen Mahasatta. Er wuchs unbeschwert in Reichtum und Luxus auf, alle seine Wünsche wurden ihm erfüllt, und er kannte keinerlei Sorgen. Eines Tages nun unternahm der König mit seiner Familie und großem Gefolge eine Lustfahrt in einen Wald. Als man Rast einlegte und die Eltern sich ausruhten, machten die drei Prinzen allein einen Spaziergang. Sie kamen dabei zu einem Abhang, und als sie hinuntersahen, erblickten sie eine

Tigerin mit noch ganz kleinen Jungen, die sichtlich halb verhungert und verdurstet war und drauf und dran zu sein schien, ihre eigenen Kinder aufzufressen. Der von Natur aus sehr mitleidige Mahasatta machte seine Brüder darauf aufmerksam und fragte dann: »Was fressen Tiger denn?«

»Nur frisches Fleisch und Blut«, entgegneten die Brüder.

»Wäre wohl irgendein Lebewesen bereit, sich freiwillig für sie zu opfern?«, fragte der Bodhisatta weiter.

»Wohl kaum!«, sagten die Brüder.

Da wurde Mahasatta sehr nachdenklich und sagte sich schließlich: »Ich bin schon so oft wiedergeboren worden. Ich habe schon so oft mein Leben verschleudert, nur für meine Wünsche gelebt und mich in Zorn und Unwissenheit und meinen Leidenschaften verausgabt. Ich habe meine Gesundheit untergraben – für nichts und wieder nichts. Welchen Wert hat also dieser mein Körper, der doch ohnehin bald zerfällt? Wenn ich mich dieser Tigerin dort opfere, werde ich vielleicht einer weiteren Geburt in einem solchen irdischen Körper entgehen. Was kann es Schöneres für mich geben?«

Da fasste er einen Entschluss und sagte zu seinen Brüdern: »Ihr Lieben, geht schon weiter, ich komme gleich nach!«

Sobald sie außer Sicht waren, zog er sein Obergewand aus, hängte es sorgfältig an einen Baum und stürzte sich den Abhang hinunter direkt vor die Füße der Tigerin, um sich ihr als Mahlzeit darzubieten. Das Tier aber war schon derart geschwächt, dass es nicht einmal mehr zubeißen konnte. Da stand der Bodhisatta noch einmal auf, suchte sich einen spitzen Holzsplitter und stieß ihn sich in die Kehle. Wieder legte er sich vor die Tigerin. Sie leckte von dem hervorströmenden Blut, gelangte dadurch wieder etwas zu Kräften und fraß mitsamt ihren Kindern den Bodhisatta auf.

Unterdessen wunderten sich die Brüder, wo Mahasatta denn blieb. Sie gingen zurück, schauten den Abhang hinunter und sahen mit Entsetzen, was sich dort abspielte. So schnell sie konnten liefen sie zu ihren Eltern zurück, und alle begaben sich an die Stelle, wo inzwischen nur noch die abgenagten Knochen des Bodhisatta lagen. Weinend und klagend standen Eltern und Brüder daneben, völlig außer sich vor Trauer.

Der Bodhisatta, der seiner Selbstlosigkeit wegen inzwischen unter die Götter aufgenommen worden war, sah die Verzweiflung seiner Angehörigen und dachte: »Die Eltern und Brüder könnten vor Trauer um mich krank werden.« So stieg er in strahlender Jugend und Schönheit vom Himmel herab und sprach tröstend: »Ihr Lieben, macht euch bitte keine Sorgen um mich, weint und klagt nicht. Ich bin, weil ich mich der Tigerin und ihren Jungen opferte, als Gott wiedergeboren worden.«

Da jammerten die Eltern: »Gegen die Tigerin bist du barmherzig gewesen, uns aber hast du verlassen und uns durch deinen Tod große Qualen bereitet. Ist das nun richtig?«

Da sagte der Bodhisatta: »Alles, was lebt, stirbt, und alles, was entstanden ist, muss vergehen. Früher oder später fällt alles der Vernichtung anheim. Über Dinge aber, die geschehen müssen, sollte man nicht klagen, sondern sie mit Gleichmut annehmen.«

Da fühlten sich die Eltern und Brüder getröstet. Sie trugen Mahasattas Knochen zusammen und ließen darüber ein Mahnmal errichten. Der Bodhisatta aber kehrte in den Himmel zurück.

Freundschaft

Im engeren Sinne bezeichnen wir laut Wörterbuch »ein auf gegenseitiger Zuneigung bestehendes Verhältnis zweier oder mehrerer Menschen zueinander« als Freundschaft. Ein solches Verhältnis ist förderlich für alle Beteiligten, da es ihnen positive Bestätigung, Schutz und Hilfe gewährt. Dann können wir darunter aber auch die Empfindung des Freundes dem Freund gegenüber verstehen, das selbstlose Wohlwollen oder Wohlwünschen, das ihn veranlasst, dem anderen Freude zu bereiten und Leid zu ersparen; hier tritt der Aspekt der Gegenseitigkeit in den Hintergrund – der Freund führt nicht Buch und rechnet nicht auf.

Schließlich ist »Freundschaft« die wörtliche Übersetzung der Pali- und Sanskritbezeichnung für eine der buddhistischen Haupttugenden, ja vielleicht die wichtigste Tugend überhaupt – *mettâ* oder *maitrî*: die ausnahmslos alle Wesen einschließende Güte, das universale Wohlwollen, das – in Verbindung mit dem Erbarmen – den Erwachten dazu bewog, um der leidenden Menschen willen seinen Eintritt ins Nirvana noch jahrzehntelang hinauszuschieben.

Die Geschichte vom Habicht und seinen Freunden

In einem Wald, an einem großen See, lebte einst ein Habicht, der gern heiraten wollte. Als er aber eine nette Habichtin bat, seine Frau zu werden, fragte diese: »Sag mir erst, hast du denn Freunde?«

Und als der Habicht verneinte, sagte sie: »Du Lieber, bevor wir heiraten, solltest du Freunde gewinnen. Wer weiß, in welche Not

wir einmal geraten werden, und da könnten sie uns dann von großem Nutzen sein.«

»Gut, meine Schöne, aber mit wem soll ich denn Freundschaft schließen?«

Sie antwortete sofort: »Mit dem Seeadler, der an der Ostseite des Sees wohnt, mit dem Löwen, der im Norden des Sees lebt, und mit der Schildkröte, in der Mitte des Sees.«

Der Habicht flog gehorsam los, machte sich die drei Tiere zu Freunden und heiratete seine Liebste.

Als es Zeit war, suchten sie sich einen großen Baum aus, der auf einer Insel im See stand, und bauten dort ihren Horst. Nach einem Monat schlüpften aus den Eiern zwei Junge. Da geschah es, dass Bauern aus der Umgegend, die auf der Jagd gewesen waren, am See vorbeikamen, und da sie nichts erlegt hatten, beschlossen sie, wenigstens ein paar Fische zu fangen. Sie wateten hinüber zur Insel und setzten sich unter den großen Baum.

Bald wurden sie so sehr von Mücken geplagt, dass sie trockenes Holz sammelten, um ein Feuer zu entzünden, dessen Rauch die Insekten von ihnen fern halten sollte. Vom aufsteigenden beißenden Rauch gepeinigt, fingen die jungen Habichte im Nest an zu schreien. Die Jäger sahen nach oben, bemerkten das Nest und sagten sich, es sei immer noch besser, junge Vögel zum Essen zu haben, als gar nichts, und fachten das Feuer weiter an, damit die Altvögel fern gehalten würden und sie hinaufsteigen könnten, um den Horst auszunehmen. Die kleinen Habichte schrien und schrien, bis ihre Eltern sie hörten und in aller Eile herbeikamen. Als sie sahen, was los war, sagte das Habichtweibchen zu ihrem Mann: »Lieber Mann, bitte flieg sofort los und benachrichtige unseren Freund, den Seeadler, dass er uns zu Hilfe eilt!«

Der Seeadler tröstete den Habicht, als dieser, erschöpft vom eiligen Flug, seine Bitte vorbrachte. Er sprach:

Vertraute Freunde, sie macht sich der Weise
Zur Zeit – zur Unzeit, wer nur auf sein Wohl bedacht.
Ich leist dir gern, o Habicht, diesen Dienst,
Denn einem Edlen tut der Edle Gutes.

Als der Seeadler hörte, dass die Bauern bereits ein größeres Feuer schürten, flog er mit dem Habicht zur Insel, tauchte ins Wasser und setzte sich mit triefenden Flügeln auf den Baum, so dass das Feuer gelöscht wurde.

Die Bauern machten sich unverdrossen daran, das Feuer neu zu entfachen, und wieder tauchte der Seeadler hinab und löschte es anschließend mit seinen tropfenden Flügeln. Irgendwann aber begann er zu ermüden, und das Habichtweibchen sagte zu ihrem Mann: »Lieber, du siehst, der Seeadler ist müde, bitte geh und hol rasch die Schildkröte, damit er sich ausruhen kann.«

Der Habicht bedankte sich herzlich bei seinem Freund und sagte ihm, er solle nun heimfliegen und sich erholen. Daraufhin eilte er zur Schildkröte, erzählte ihr, was geschehen war, und bat sie um Hilfe. Sie machte nicht viele Worte, sondern schickte ihn schon vor, schwamm zur Insel und häufte dort viel Schlamm auf, mit dem sie das Feuer bedeckte, bis es ausging. Als die Bauern, die schon halb auf den Baum geklettert waren, sie sahen, dachten sie, dass die Schildkröte viel ergiebiger sei als die beiden jungen Vögel. Sie sprangen rasch vom Baum herunter, rissen Schlingpflanzen aus und banden damit die Beine der Schildkröte zusammen. Trotzdem konnte sie ins Wasser entkommen, wobei die Männer, die sie festhielten und ihre Beute nicht freigeben wollten, ebenfalls in den See gezogen wurden. Tropfnass krochen sie heraus und ärgerten sich sehr.

Wieder machten sie sich daran, wenigstens die Vogeljungen zu fangen, und nun rief das Habichtweibchen zum dritten Mal: »O lieber Mann, flieg nur rasch fort und hol unseren Freund, den Löwen, damit er uns helfe.«

Der Löwe erkundigte sich, was los sei, und sagte dann: »Flieg nur schon zu deinen Jungen, Freund, ich komme gleich nach.«

Und gleich darauf schwamm er durch den See zur Insel. Als aber die Bauern den Löwen sahen, war es mit ihrem Mut vorbei:

»Erst ist ein Seeadler diesen Habichten zu Hilfe gekommen«, riefen sie, »dann eine Schildkröte und nun der Löwe. Lauft, Leute, was ihr könnt!« Als der Löwe bei der Insel ankam, war niemand mehr dort als die Schildkröte, der Seeadler, der ausgeharrt hatte, und die Habichtfamilie. Sie alle erwiesen dem Löwen ihre Reverenz, und dieser sagte: »Seht, das ist der Sinn der Freundschaft. Brecht an nie einem Freund die Treue und führt überhaupt ein tugendhaftes Leben.«

Die Habichte bedankten sich überschwänglich und gelobten, jedem der anderen Tiere beizustehen, wenn sie einmal ihre Hilfe nötig hätten.

Erwirbt der Weise einen vertrauten Freund,
So teilt der seine Kinder, Vieh und Geld.
Ich selbst wie meine Kinder und mein Gatte
Sind jetzt gerettet dank der Freunde Mitleid.

* * *

Der Grashalm

Einst wurde der Bodhisatta als Grashalm wiedergeboren und wohnte im Park des Königs von Benares. In diesem Park stand ein schöner alter Rucha-Baum, in dem eine Gottheit wohnte, die einst ein mächtiger Götterkönig gewesen war. Grashalm und Baum waren eng miteinander befreundet.

Nun begab es sich, dass einer der starken Pfosten des königlichen Palastes mit der Zeit morsch wurde, und so ließ der Fürst seine Zimmerleute kommen und befahl ihnen, den Pfosten durch einen neuen zu ersetzen.

Die Zimmerleute machten sich auf die Suche nach einem geeigneten Baum, und als sie im Wald keinen fanden, begannen sie sich auch im Park umzusehen. Sofort fiel ihnen der Rucha-Baum mit seinem schönen geraden Stamm ins Auge, und sie gingen wieder zum König und sagten: »Herr, wir haben einen geeigneten Baum gefunden, trauen uns allerdings nicht, ihn zu fällen.«

»Und warum nicht?«

»Der Baum ist heilig, einen anderen aber fanden wir nicht. Einen heiligen Baum aber darf man nicht fällen.«

»Geht nur und haut ihn um«, sagte da der König, »sonst stürzt der Palast noch ein. Wir werden einen neuen Baum an die Stelle setzen.«

Die Zimmerleute willigten zögernd ein, nahmen Opfergaben für den Baum, gingen in den Park und brachten sie ihm dar. Am nächsten Morgen wollten sie ihn fällen. Als sie fort waren, war die Baumgottheit sehr beunruhigt. »Morgen werden sie mein Haus zerstören. Wo soll ich dann mit meinen Kindern nur hingehen?«, dachte sie bei sich und umarmte weinend ihre Kinder. Da kamen die anderen Waldgottheiten herbei und fragten, was es denn gäbe, und als sie es erfuhren, fingen auch sie an, laut zu weinen und zu klagen.

Zu ebendiesem Zeitpunkt kam der Bodhisatta zu Besuch, und er ließ sich ebenfalls berichten, was dem Baum drohte. »Habt keine Angst«, sagte er da, »ich werde dafür sorgen, dass der Baum nicht

gefällt wird. Passt nur auf, was ich morgen früh, wenn die Holzfäller kommen, tun werde.«

Als die Zimmerleute am nächsten Tag mit ihren Äxten kamen, nahm der Bodhisatta die Gestalt einer Echse an, lief vor den Männern her und schlüpfte unter die Wurzel des prächtigen Baumes. Dann kletterte er so geschickt den Baum hinauf und kam oben wieder zum Vorschein, dass es für die Holzfäller so aussah, als sei er innen durch eine Höhlung im Baum hinaufgestiegen. Als der Meister der Zimmerleute die Echse weit oben wieder auftauchen sah, schüttelte er den Kopf. »Wir haben gestern nicht gesehen, dass der Baum hohl und also für einen Pfosten nicht tauglich ist. Es hätte überhaupt keinen Sinn, ihn zu fällen.« Damit gingen sie.

So hatte der Bodhisatta den Baum gerettet und der Gottheit ihre Wohnung erhalten. Die Waldgottheiten versammelten sich aus Freude, und die Baumgottheit, die im Rucha-Baum lebte, sagte zu ihnen: »Wir Großen und Mächtigen sind, weil wir zu langsam im Denken waren, nicht auf die List gekommen, die diese kluge Grashalmgottheit uns vorgeführt hat. Jeder wirkliche Freund besiegt durch seine Kraft das Leid, das seinen Freund getroffen hat, und macht ihn wieder glücklich.«

Mag es ein Gleicher sein oder ein Bessrer,
Ein niedriger Gestellter darf es auch sein –
Ein wahrer Freund bringt Rettung im Verderben,
So wie der Grashalm hier dem Rucha-Baum.

Furchtlosigkeit

Sie sollte weder mit Leichtsinn noch mit Gedankenlosigkeit oder Blindheit vor der Gefahr verwechselt werden. Furchtlos ist der Mensch, der sich, im Bewusstsein seiner Stärke ruhend, um eines bestimmten – nach Möglichkeit sinnvollen – Zieles willen einer potenziellen oder realen Bedrohung stellt.

Der Weltuntergang

Einst lebte der Bodhisatta als Löwe in einer waldigen Gegend. Ein Stück entfernt lag ein anderer Wald, wo unter fruchttragenden Bäumen viele Fächerpalmen wuchsen. Dort wohnte ein Hase. Der lag eines Tages satt und gemütlich in seinem Dickicht versteckt und sann über das Leben nach.

Wenn nun die Erde untergehen würde, überlegte er, wohin würde ich dann wohl gehen? In diesem Augenblick fiel eine Frucht von einem Baum auf das Blatt einer Fächerpalme. Bei dem plötzlichen Knall sprang der Hase auf, überzeugt, dass die Welt unterging, und lief los. Während er rannte und rannte, sah ihn ein anderer Hase und fragte: »He, du, warum läufst du so schnell?«

»Frag lieber nicht«, rief der Hase zurück und rannte weiter. Da fing auch der andere Hase an zu laufen und erkundigte sich noch einmal: »Was ist denn, he, so rede doch!«

»Die Welt geht unter!«, stieß der erste Hase hervor, und so rannten beide keuchend weiter. Nach und nach schlossen sich ihnen immer mehr Hasen an, dann auch andere Tiere, eine Gazelle, ein Eber, ein Ochse, ein Rhinozeros, ein Tiger, ein Löwe und ein Elefant. Alle fragten, was los sei, und als sie hörten, die Welt gehe unter, gab es auch für sie kein Halten mehr.

Als die vielen Tiere schließlich in der Nähe des Bodhisatta vorbeigelaufen kamen, fragte dieser ebenfalls: »He, was gibt es denn?«, und als die Tiere riefen, die Welt ginge unter, dachte er bei sich: »Das kann gar nicht sein! Sicher ist es so, dass sich eines von ihnen durch ein ungewohntes Geräusch erschreckt hat. Wenn ich ihnen nicht helfe, gehen sie alle zugrunde.«

Er machte sich rasch auf, kletterte auf den nächsten Berg und stieß drei Mal sein Löwengebrüll aus. Da blieb das Heer der Tiere, von Furcht gebannt, dicht aneinander gedrängt stehen. Der Löwe lief zu ihnen hin und fragte: »Die Welt geht also unter? Wer hat das gesehen?«

Da sagten die zuletzt zur Gruppe gekommenen Tiere: »Der Elefant weiß es.«

Der Bodhisatta stellte also dem Elefanten noch einmal seine Frage. Der aber schüttelte den Kopf und sagte: »Der Löwe weiß es.« Der wusste es aber auch nicht und verwies den Bodhisatta an den Tiger, von dem er zum Rhinozeros, dann zum Ochsen, zum Eber und zur Gazelle gelangte. Die Gazelle schließlich sagte, sie habe es von einem Hasen gehört. Die Hasenschar erklärte ihm, der und der Hase habe ihnen das erzählt – und so war der Bodhisatta endlich bei dem Hasen angelangt, der das Gerücht in Umlauf gesetzt hatte. »Mein lieber Freund«, sagte er da, »die Welt geht also wirklich unter?«

»Ja, o Herr! Ich habe es selbst gesehen.«

»Wo warst du denn, als das geschah?«

»In einem Hain, wo es neben Fruchtbäumen auch viele Fächerpalmen gibt. Als ich nun dort saß und darüber nachsann, was ich wohl tun würde, falls die Welt unterginge, krachte es, als ob genau das passieren würde, und da rannte ich los.«

Der Löwe dachte: »Gewiss ist eine Frucht von einem der Bäume auf das Blatt einer Fächerpalme gefallen, und der Knall hat den Hasen erschreckt.« Nun wollte er aber überprüfen, ob seine Überlegung auch stimmte. Er beruhigte die Schar der Tiere und riet ihnen, dort zu bleiben, wo sie waren. Er wolle unterdessen mit dem Hasen nachschauen gehen, wie sich die Sache verhielte. Er ließ den Hasen auf seinen Rücken steigen und lief in Windeseile mit ihm zum Fächerpalmenhain.

»Zeig mir die Stelle, wo du gelegen hast«, sagte er dann zu seinem kleinen Reiter.

»Ich trau mich nicht.«

»Du brauchst dich nicht zu fürchten«, redete ihm der Löwe gut zu, ließ ihn absteigen, und der Hase zeigte ihm schließlich die Stelle, wo er gelegen hatte. Da sah sich der Bodhisatta aufmerksam um und fand schließlich das Fächerpalmenblatt, auf dem die Frucht immer noch lag.

Da er nun mit Sicherheit wusste, dass die Welt nicht unterging, nahm er den Hasen wieder auf den Rücken und lief mit ihm zu den versammelten Tieren zurück. Er beruhigte sie, erklärte ihnen, wie der Schreck und die Furchtsamkeit des Hasen all diese Aufregung verursacht hatten, und sprach:

Wer durch die Reife seiner Weisheit
Auch zur Gelassenheit gelangt ist,
Den kann selbst vielfach falsches Zeugnis
Niemals zu dummem Tun verleiten.

Da zerstreuten sich die Tiere, und ein jedes ging dorthin zurück, wo es wohnte.

geduld

Als die Fähigkeit, das Eintreten eines erwünschten Ereignisses gelassen abzuwarten, erscheint Geduld wie die passive Schwester der Beharrlichkeit. Eine *Tugend* ist sie daher nur, wenn es sich bei dem Ereignis um etwas handelt, das wir nicht erzwingen können, das unabhängig von unserem Willen und unseren Anstrengungen geschieht – oder eben auch *nicht* geschieht. Allgemeiner formuliert könnte man also vielleicht sagen: Geduld ist die seelische Stärke, die uns erlaubt, einen unerfreulichen Zustand gelassen hinzunehmen, wenn wir ihn nicht ändern können – oder ändern *wollen*, weil die dazu nötigen Maßnahmen gegen höhere Werte verstoßen würden, als es unser Wohlbefinden ist.

Das Mädchen, das Zweifel hieß

In einer seiner Existenzen lebte der Bodhisatta als Brahmanen-Sohn, der als Erwachsener der Welt entsagte. Er wohnte in einer Laubhütte im Wald, ernährte sich von Früchten und Wurzeln und betrachtete die Welt und das Leben mit Gleichmut.

Zu dieser Zeit wurde ein tugendhaftes Wesen als Nymphe im Inneren einer Lotosblüte wiedergeboren, die in einem Teich ganz in der Nähe des Asketen wuchs. Während nun die übrigen Lotosblüten allmählich welkten und abstarben, wurde die, in der sich die Nymphe aufhielt, immer dicker und dicker. Als er einmal baden wollte, sah der Asket diese seltsame Blüte und fragte sich, was es wohl damit für eine Bewandtnis habe. Er watete zu der Blüte hin, sah das Mädchen darin und beschloss, es als seine Tochter anzunehmen und bei sich aufzuziehen. Weil er im Zweifel gewesen war, wie es sich mit der Lotosblüte verhielt, nannte der Asket sie Asanka, was so viel bedeutet wie »Zweifel«.

Mit den Jahren wuchs das Mädchen zu einer Schönheit heran, hübscher als jedes andere Mädchen weit und breit. Und als eines Tages ein Jäger in die Gegend kam und Asanka sah, wunderte er sich sehr. Er ging zum Bodhisatta und erkundigte sich bei ihm, wer sie denn sei. Sobald er hörte, dass sie noch unverheiratet war, machte sich der Mann auf zum König, um ihm von der wundersamen Schönheit dieser Waldbewohnerin zu erzählen.

Noch bevor der König die Lotosnymphe gesehen hatte, war er nach der Beschreibung des Jägers schon in sie verliebt. Er brach mit großem Gefolge auf, ließ in der Nähe des Waldes ein Lager aufschlagen und begab sich dann zur Einsiedelei des Bodhisatta. Er begrüßte ihn ehrerbietig und sagte: »Herr, für einen heiligen Mann wie Euch sind Frauen doch eine Sünde. Überlasst mir das Mädchen, ich werde sie weiter aufziehen!«

Der Asket aber wollte ihm das Mädchen, das ihm inzwischen wie eine Tochter ans Herz gewachsen war, nicht so ohne weiteres geben und wollte prüfen, wie ernst es dem König mit Asanka sei. Darum entgegnete er: »O Großkönig, du kannst meine Tochter haben, wenn du ihren Namen errätst!«

Darauf sagte der König trocken: »Nun, wenn Ihr ihn mir mitteilt, so werde ich ihn wissen.«

»Nein«, erwiderte der Asket streng, »du musst ihn schon selbst herausfinden.«

Da blieb dem König nichts anderes übrig, als zu seinem Gefolge zurückzukehren und mit seinen Ministern zu beraten, welchen Namen wohl die junge Schönheit haben könnte. Mit einer langen Liste von Vorschlägen kehrte er kurz darauf zur Einsiedelei zurück, doch was immer er auch vorbrachte, der Bodhisatta schüttelte dazu nur den Kopf.

So verging die Zeit, und bald wohnte der König bereits ein Jahr in seinem Lager in der Nähe des Waldes, und viele seiner Pferde,

Elefanten und Diener waren schon von Tigern und Löwen zerfleischt worden. Außerdem wurden alle durch Moskitos und Giftschlangen bedroht und gequält, und die Hitze war unerträglich. Da beschloss der König schließlich, die Angelegenheit als gescheitert zu betrachten, und begab sich noch einmal zu dem Mädchen, um sich von ihm zu verabschieden, bevor er nach Hause zurückkehrte.

»Ich kann deinen Namen nicht erraten«, sagte er zu ihr, »bleib also hier im Himalaya. Ich werde nun fortgehen.«

Da lächelte die Lotosnymphe und sprach: »O Großkönig, wenn du jetzt fortgehst, wirst du nie wieder eine Frau wie mich finden. Weißt du, in der Götterwelt gibt es eine Schlingpflanze namens Asavati. Sie enthält in ihren Früchten einen Trank, von dem man vier Monate lang berauscht ist. Aber nur einmal alle tausend Jahre trägt sie Früchte. Die Götter nun warten geduldig diese tausend Jahre ab und besuchen die Pflanze immer wieder, um sich zu vergewissern, dass sie gesund ist. Du aber verlierst schon nach einem einzigen Jahr die Geduld.«

Hab noch Geduld, o König!
Die Lust, die Frucht bringt, ist das Glück.
Es wartet ja der Vogel auch,
Es wartet der Gefiederte,

Und seine Lust wird einst erfüllt,
Mag es auch lange dauern.
Hab noch Geduld, o König!
Die Lust, die Frucht bringt, ist das Glück.

Als der König diese Worte vernahm, entbrannte er sofort wieder in Liebe zu ihr und beschloss, noch einmal ernsthaft zu versuchen, ihren Namen herauszufinden. Er rief seine Minister zusammen und blieb noch ein weiteres Jahr in seinem Lager. Immer, wenn er genügend Namen beisammen hatte, suchte er die Einsiedelei auf; doch stets schüttelte der Asket den Kopf.

Da verlor er wiederum die Lust und setzte den Tag seiner Abreise fest.

Ein zweites Mal verabschiedete er sich vom Lotosmädchen, und sie sprach zu ihm: »Warum bist du so sicher, dass du meinen Namen nicht erraten kannst? Es gibt kein Verlangen, das nicht erfüllt werden kann. Es gab da einen Kranich, o Großkönig, der flog einmal auf den Gipfel eines Berges. Dort gefiel es ihm außerordentlich gut, weil er so weit schauen konnte. Nun sagte er zu sich: ›Es wäre doch schön, wenn ich den ganzen Tag hier stehen bleiben und trotzdem mein Essen haben und Wasser trinken könnte!‹ An diesem Tag aber hatte der Götterkönig Sakka etliche Dämonen besiegt und war daher besonders guter Laune. ›Mein Wunsch ist heute in Erfüllung gegangen‹, freute er sich, ›also könnte ich einem anderen Wesen auch einen Wunsch erfüllen.‹ Da sah er den Kranich und hörte, was dieser zu sich selbst gesagt hatte. Schön, dachte Sakka, soll er bekommen, was er möchte. Er ließ einen Bach, der unweit von dem Kranich vorüberfloss, so stark anschwellen, dass seine Wasser bis zu dem Vogel gelangten. So konnte dieser, ohne seinen Aussichtspunkt zu verlassen, sowohl Fische fangen als auch seinen Durst stillen. Dann zog sich der Bach wieder in sein Bett zurück. So, o Großkönig, erging es dem Kranich. Warum also sollte dir dein Wunsch nicht auch erfüllt werden?«

Wieder verliebte sich der König in sie und brachte es nicht fertig, sie zu verlassen. Und so verging schließlich mit der vergeblichen Suche nach ihrem Namen ein weiteres Jahr. Von dem Gefolge des Königs waren die meisten entweder krank oder schon gestorben, die Pferde waren tot, und es gab kaum noch etwas zu essen. Und nun hatte der König endgültig genug. Er sagte zu dem Mädchen: »Ich kann deinen Namen nicht erraten. Du redest zwar süß, gewährst mir aber nicht mehr als das. Es reicht. Jetzt werde ich wirklich gehen.«

Und er fügte verdrossen hinzu:

Wer tatenlos, einzig mit süßen Worten
Sich angenehm den Menschen macht
Und nichts Erfreulicheres dazu spendet
Verliert am Ende seinen Reiz.

Gänzlich vernichtet ist mein Heer,
Auch mein Vermögen ist verbraucht.
Ich *zweifel,* ob ich das Morgen noch erlebe.
Genug, ich ziehe fort von hier!

Als das Mädchen diese Worte hörte, rief sie hocherfreut: »O Großkönig, du kennst ja meinen Namen, du hast ihn eben selbst ausgesprochen! Nun geh zu meinem Vater und sprich ihn noch einmal aus, dann komme ich mit dir.«

Da ging der König überglücklich zum Bodhisatta und sagte: »Herr, Eure Tochter heißt Asanka!«

Der Asket gab seiner Tochter und dem König, der seine Geduld bewiesen hatte, seinen Segen und ließ sie fortziehen. Der König heiratete das Lotosmädchen und wurde sehr glücklich mit ihr. Der Asket aber gelangte nach einem tugendhaften Leben in die Brahma-Welt.

* * *

Die Papageien und der Affe

Einmal war der Bodhisatta als ein großer und schöner Papagei namens Radha wiedergeboren worden. Er hatte einen kleinen Bruder, der Potthapada hieß. Ein Jäger fing die beiden ein und brachte sie, da sie so herrliches Gefieder hatten, dem König von Benares. Der freute sich sehr über die Vögel, ließ ihnen einen goldenen Käfig bauen und täglich auf einer goldenen Platte Honigkörner und Zuckerwasser geben und ihnen alle erdenklichen Ehren erweisen.

Nach einiger Zeit schenkte ein Waldarbeiter dem König einen großen schwarzen Affen namens Kalabahu. Da er einen solchen noch nicht besaß und das Tier den Reiz des Neuen für ihn hatte, während er die Papageien schon gut kannte, gab sich der König viel mit dem Affen ab und vernachlässigte Radha und Potthapada.

Der Bodhisatta nahm die Sache mit Gleichmut, sein Bruder aber ärgerte sich sehr darüber, dass der Affe derart bevorzugt wurde. »Bruder«, sagte er ein über das andere Mal, »früher bekamen wir köstliche kleine Kuchen, jetzt aber erhält sie dieses widerliche Klettertier da. Ich kann das nicht mit ansehen. Komm, wir wollen fliehen und in den Wald zurückkehren.«

Radha schüttelte den Kopf und sagte beschwichtigend:

Ehre und Unehr, Ruhm und Schande,
Tadel und Lob und Glück und Unglück
Wandeln sich ständig bei den Menschen;
Sei still und wart nur ab, mein Bruder.

Der Bruder aber entgegnete ihm: »Du bist ein Weiser, Radha, du kannst in die Zukunft schauen. Aber wie sollte das wohl geschehen, dass der König dieses dumme Tier da fortjagt?«

»Ganz einfach«, sagte Radha da lächelnd: »Er wackelt mit den Ohren, er schneidet Grimassen, und durch sein Gekreisch erschreckt er die jungen Prinzen; Kalabahu wird schon selbst dafür sorgen, dass man ihn nicht mehr hier haben will.«

Und wie er seinem neidischen Bruder prophezeit hatte, so geschah es auch. Der Affe wackelte vor den kleinen Prinzen mit den Ohren, schnitt abscheuliche Fratzen und stieß sein wüstes Geschrei aus. Damit aber jagte er den Kleinen eine solche Angst ein, dass sie laut anfingen zu weinen. Als der König nach dem Grund hierfür fragte und erfuhr, der Affe sei schuld, ließ er ihn auf der Stelle fortjagen. Die Papageien aber wurden von dem Augenblick an wieder genauso geehrt wie zuvor.

* * *

Der dreiste Affe

Einst wurde der Bodhisatta als Büffel wiedergeboren. Als er groß und stark geworden war, wanderte er umher und suchte sich im Wald seine Nahrung. Die Nächte pflegte er an einem möglichst geschützten Platz zu verbringen, und so fand er eines Tages eine sehr hohe Baumwurzel, die eine sichere Höhlung für ihn bot. Hier stellte er sich unter. Im Baum aber wohnte ein Affe. Der war frech und dreist, und sobald der Büffel unter der Baumwurzel stand, kletterte er auf dessen Rücken, beschmutzte ihn mit seinem Kot, zog ihn an den Hörnern und ließ sich an seinem Schwanz hin- und herschwingen. Der Bodhisatta achtete nicht weiter darauf und ließ den Affen gewähren, denn er war weise und geduldig.

Eines Tages, als der Affe wieder seinen Unfug mit dem Büffel trieb, konnte die Baumgottheit, die ebenfalls in dem Baum wohnte,

es nicht mehr mit ansehen und sagte zu dem Bodhisatta: »O Büffelkönig, warum erträgst du die Frechheit des Affen? Warum bestrafst du ihn nicht für sein Tun? Du könntest ihn doch leicht mit deinem Horn durchbohren oder mit deinem Huf zermalmen!«

»O Baumgottheit«, sagte da der Bodhisatta gelassen, »wenn ich ihn tötete, wie könnte ich dann auf eine Wiedergeburt in eine bessere Existenz hoffen? Es ist nicht an mir, diesen Affen für seine Frechheit zu bestrafen. Er wird das Gleiche, was er mit mir tut, auch mit anderen treiben, von denen er denkt, sie seien ebenso geduldig wie ich. Du wirst sehen. Die wilden Büffel werden ihn eines Tages dafür umbringen. Wenn *sie* es tun, ist das ihre Sache. Mir aber kann niemand vorwerfen, Tod und Leiden verursacht zu haben.

Der Affe glaubt, ihn würde jeder dulden,
Und wird's mit anderen genauso machen;
Doch einer wird ihn sicher dafür töten
Und sich und mich befrein von dieser Plage.

Wie der Bodhisatta sagte, so geschah es auch: Der Bodhisatta wanderte irgendwann weiter, und ein anderer Büffel kam in diese Gegend. Auch er fand die sichere Höhlung unter dem Baum, und die Baumgottheit wartete gespannt, was nun geschehen würde. Als der Affe sah, dass sich ein neues Opfer eingefunden hatte, sprang er vergnügt dem Büffel auf den Rücken und begann mit seinen respektlosen Spielen. Da schüttelte der Büffel unwirsch den massigen Kopf, und der Affe fiel auf den Boden. Der Büffel durchbohrte ihn mit den Hörnern und zertrat ihn mit den Hufen zu Staub. Die Baumgottheit aber erinnerte sich an die Worte des weisen Büffels, der geduldig einfach den Dingen ihren Lauf gelassen hatte.

Geschwätzigkeit

Die Sprache ist den Wesen gegeben, damit sie sich verständigen, gegenseitig belehren und helfen können; manche Menschen reden aber nur, weil sie ein Mundwerk haben – um ihrer Hohlheit oder aber ihrer Eigenliebe und Eitelkeit Ausdruck zu verleihen. Geschwätzigkeit ist in vielfacher Hinsicht von Nachteil: Sie kann uns dazu verleiten, Dinge auszusprechen, die besser ungesagt geblieben wären, also indiskret, taktlos oder verletzend zu sein; sie macht unsere Gesprächspartner zu passiven Zuhörern, räumt ihnen lediglich das Recht ein, unsere Ausführungen schweigend über sich ergehen zu lassen. Ihr vielleicht schlimmster Aspekt ist aber, dass sie eine Art mentaler Durchfall ist: Sie scheidet alles aus, was uns einfällt, ohne unserem Geist Zeit zu lassen, es zu durchdenken und nutzbringend zu verarbeiten: Sie ist ein Sog, der uns von unserem inneren Zentrum fortreißt und nach außen zerstreut.

Die Schildkröte, die den Mund nicht halten konnte

Wieder einmal war der Bodhisatta als Sohn eines Brahmanen auf die Welt gekommen und wurde, erwachsen geworden, Minister und engster Ratgeber des Königs von Benares. Der König hatte die leidige Angewohnheit, so viel zu reden, dass andere keine Gelegenheit bekamen, ihrerseits etwas zu sagen. Der Minister überlegte daher schon seit langem, wie er den König auf diesen Fehler aufmerksam machen könnte, ohne ihn zu verärgern.

Nun lebte während dieser Zeit in einem Teich im Himalaya eine Schildkröte. Sie hatte sich mit zwei Wildgänsen angefreundet, die zum Fressen hierher zu kommen pflegten. Eines Tages sprachen die Gänse zur Schildkröte:

»Höre, du Liebe, hast du nicht Lust, einmal mit uns zu unserer Wohnung dort oben in den Bergen zu kommen? Es ist wunderschön da.«

»Doch, natürlich, aber wie sollte das gehen? Ich habe ja keine Flügel!«

»Ganz einfach!«, meinten da die Gänse. »Wir nehmen einen Stock in unsere Schnäbel und du klammerst dich mit dem Mund daran fest. Aber du musst aufpassen, dass du den ganzen Flug über nichts sagst, sonst stürzt du ab!«

Die Schildkröte war einverstanden, und die Vögel erhoben sich mit der am Stock hängenden Schildkröte in die Luft. Als sie über ein Dorf flogen, sahen ein paar Kinder zufällig nach oben, lachten und riefen: »He schaut mal, wie komisch: Da tragen ja zwei Gänse eine Schildkröte an einem Stock!«

Die Schildkröte ärgerte sich sehr und wollte zurückrufen: »Was geht das euch Lausejungen an, wenn mich meine Freunde tragen!« Aber schon nach dem ersten Wort stürzte sie ab – und zwar genau in den Hof des Königspalastes. Dort erhob sich ein großes Geschrei: »Eine Schildkröte ist vom Himmel gefallen und getötet worden«, riefen die Leute durcheinander, bis der Minister hinzukam.

Als weiser Mann dachte er sich: »Diese Schildkröte ist vermutlich von ihren Freunden, den Wildgänsen, an einem Stock getragen worden und, weil sie den Mund nicht halten konnte, abgestürzt und hier zerschellt.« Nun wusste er auch, wie er seinem König die Geschwätzigkeit abgewöhnen konnte.

Er erzählte ihm von dem Vorfall und ergänzte: »Ja, o Großkönig, derlei passiert, wenn einer zu viel redet!

Sich selber tötete das Tier
Weil es nicht schweigen konnte;
Los ließ es töricht seinen Halt
Und starb am eigenen Geschwätz.

Beherzge dies, o edelster der Männer:
Sprich, wenn es Zeit ist, schweig, wenn es geboten.
Du siehst, wie durch sein loses Mundwerk
Das dumme Tier in sein Verderben stürzte.

Dann fügte er hinzu: »Wer beim Reden oder in jeglichem Tun das Maß überschreitet, stürzt sich ins Verderben.« Von da an hielt sich der König zurück, sprach nur noch wenig und ließ auch die anderen zu Wort kommen.

Gier

Der »Durst« (*tanhâ/trishnâ*), so erklärte der Buddha in der zweiten seiner »vier edlen Wahrheiten«, ist die Ursache des Leidens. Die Gier nach Sinnesobjekten, nach Dasein überhaupt oder nach der Aufhebung des Daseins, bindet uns an den leidvollen Kreislauf der Wiedergeburten. Deren Wurzel wiederum ist, vereinfacht ausgedrückt, das Zu-wichtig-Nehmen unseres Ichs, unserer eigenen Person, was zur Folge hat, dass wir alles, was mit uns in Verbindung steht oder in Berührung kommt – von konkreten Dingen, Gefühlen oder Gedanken bis hin zum Leben als solchem –, mit besonderem gefühlsmäßigen Wert belegen und daher *haben* wollen. Diese Gier fesselt uns nicht nur abstrakt an das Leiden, sondern verleitet uns auch oft zu unguten Handlungen, die sowohl in diesem als auch im künftigen Leben negative Auswirkungen nach sich ziehen.

Taube und Krähe

Einst wurde der Bodhisatta als Taube wiedergeboren. Zu jener Zeit hatten die Einwohner von Benares, wo die Taube lebte, die Angewohnheit, Körbe mit Heu aufzuhängen, damit die Vögel darin wohnen und nisten konnten. So hatte auch der Koch eines Großkaufmanns einen solchen Korb in seiner Küche hängen. Dieses Plätzchen suchte der Bodhisatta jeden Abend auf, nachdem er sich tagsüber in den Straßen der Stadt sein Futter gesucht hatte.

Eines Tages kam eine Krähe vorbei und roch die leckeren Fische, die der Koch in der Küche aufbewahrte. Sie hatte mit einem Mal große Lust auf das zarte Fleisch und überlegte, wie sie es wohl anstellen könne, sich einmal etwas davon zu verschaffen. Sie setzte sich also neben die Küchentür und wartete. Am Abend kam die Taube heimgeflogen. Die Krähe sah sie und dachte: »Durch diese Taube werde ich an Fische kommen.«

Als am anderen Morgen die Taube ausflog, passte die Krähe sie ab und sagte freundlich: »Lieber, ich möchte dich ab jetzt begleiten!«

»Aber Krähen pflegen doch andere Nahrung zu sich zu nehmen als wir Tauben«, antwortete der Bodhisatta verwundert.

»Das stimmt, aber ich kann ja das essen, was für mich passt, und du das, was du gern isst.«

»Also schön«, willigte die Taube ein, und so suchten sie gemeinsam ihr Futter. Am Abend flogen beide in die Küche zum Schlafen. Der Koch hatte keine Einwände gegen den Begleiter der Taube und hängte für die Krähe noch einen zweiten Korb auf. So wohnten die beiden eine Weile zusammen, bis eines Tages erneut schöne Fische für den Kaufmann gebracht wurden. Sofort verspürte die Krähe wieder große Lust auf Fisch, und so beschloss sie, am anderen Morgen unter einem Vorwand zurückzubleiben und einen guten Moment abzupassen, um sich zu bedienen.

Als ihr Gefährte auf Futtersuche ausziehen wollte, tat sie so, als ob sie große Bauchschmerzen hätte. Die Taube aber schüttelte unmutig den Kopf, als sie das hörte: »Noch nie haben Krähen Bauchweh gehabt. Wahrscheinlich hast du Lust auf diese Fische da. Doch pass nur auf: Was den Menschen schmeckt, bekommt den Krähen nicht. Komm lieber mit mir!«

»Ich kann nicht, Freund«, sagte die Krähe, die ihre Gier nicht bezähmen konnte.

»An deinen Taten wird man dich erkennen«, sagte da der Bodhisatta ruhig, »lass dich nicht von der Gier beherrschen!« Damit flog er davon.

Als nun der Koch die Fische auf unterschiedliche Art zubereitet hatte, öffnete er die Töpfe, um die Speisen abzukühlen. Auf einen der Töpfe stellte er eine Schale zum Durchseihen der Brühe. Dann verließ er den Raum.

»Jetzt oder nie«, dachte die Krähe. Sie flog auf die Schale, um sich ein großes Stück Fisch aus einem der Töpfe zu stehlen. Die Schale gab jedoch einen klirrenden Laut von sich, der sofort den Koch herbeirief. Sobald er die Krähe dort sitzen sah, wusste er, was sie vorhatte. Er griff nach ihr, schlug sie und warf sie dann halbtot in ihren Korb. Als sie dort lag und sich vor Schmerzen krümmte, kam der Bodhisatta zurück. Er sah sie liegen und sagte: »Du Krähe hast auf meine Worte nicht hören wollen und dich von deiner Gier übermannen lassen. Nun siehst du selbst, wohin dich das geführt hat.«

Wer, störrisch, nicht des Freundes Ratschlag folgt,
Der doch nur gut gemeint und klug durchdacht war,
Dem geht es wie der Krähe, die aus Gier
Der Taube Wort missachtend unterging.

Damit flog der Bodhisatta fort, um sich eine andere Wohnung zu suchen. Die Krähe aber starb noch am selben Abend.

* * *

Der Bote

Einst wurde der Bodhisatta als Sohn eines Königs geboren, und als sein Vater starb, bestieg er den Thron. Er legte sehr großen Wert auf gutes Essen und ließ sich die kostspieligsten Leckerbissen servieren, so dass ein einziges Mahl oft ein Vermögen kostete. Da er ein gutes Herz hatte, dachte er bei sich, dass es nicht recht sei, diese erlesenen Delikatessen ganz allein zu verzehren, und so beschloss er, ein gutes Werk zu tun, indem er seine Untertanen dabei zusehen ließ. Zu diesem Zweck ließ er sich am Tor des Palastes einen Edelstein-Pavillon errichten, und dort pflegte er von nun an, umgeben von seinem Hofstaat, aus goldenen Schüsseln zu speisen.

Eines Tages schaute ein Mann zu, dem bei diesem Anblick so sehr das Wasser im Mund zusammenlief, dass er zu überlegen begann, wie er von den duftenden Leckereien auch etwas abhaben könne. Schließlich hatte er eine Idee.

Er stellte sich in Positur, ordnete seine Kleider und rief laut: »Aus dem Weg, ich bin ein Bote, Achtung, ich bin ein Bote!«

Die Menschenmenge machte ihm daraufhin Platz, und er gelangte tatsächlich bis zum König. Als er neben ihm stand, langte er in die goldene Schüssel, nahm sich von den Speisen und steckte sie sich in den Mund. Da fuhr der Schwertträger des Königs auf und schrie zornig: »Ich werde ihm den Schädel spalten!« Und hob sein Schwert.

Der König aber hielt ihn auf und sagte: »Lass das sein!«, und zum Mann gewandt: »Hab keine Angst, setz dich zu mir und iss in aller Ruhe!«

Als der vorgebliche Bote endlich satt war, ließ ihm der König Wasser zum Waschen und Betel zum Kauen reichen, dann erst fragte er: »Nun, du hast gesagt, du seist ein Bote. Was also hast du mir mitzuteilen?«

Der Mann antwortete lächelnd: »O Großkönig, ich bin wirklich ein Bote – ein Bote der Begierde, ein Bote meines Magens. Die Gier hat mir aufgetragen, dich aufzusuchen und von deiner Schüssel zu essen.« Und er sprach die Verse:

Was Menschen jeden Weg abringt
Und sie sogar zum Feinde treibt –
Der Magen ist's; ich bin sein Bote.
Zürne mir deshalb nicht, o König!

In wessen Macht bei Tag und Nacht
Die Menschen alle sich befinden –
Der Magen ist's, ich bin sein Bote.
Zürne mir deshalb nicht, o König!

Als er diese Worte hörte, dachte der König bei sich: »Er hat wahr gesprochen. Wir alle sind Boten unseres Magens. Wir alle sind von der Gier beherrscht.«

»Du hast mir etwas gesagt, was mir noch niemand sagte«, erklärte er dem Mann und schenkte ihm tausend Kühe und einen Stier und ließ ihn unter großen Ehrenbezeugungen gehen.

* * *

Die drei Reiche

Es lebte einst ein König, der war unersättlich in seiner Jagd nach Sinnesfreuden und obendrein äußerst habgierig und geizig. Der Bodhisatta war in jener Zeit als Götterkönig Sakka wiedergeboren worden, und als er das Treiben des Königs sah, dachte er bei sich: »Ich muss ihm dieses Leben abgewöhnen und ihn beschämen!«

Also nahm er die Gestalt eines jungen Brahmanen an und ließ sich vor den König bringen. Als dieser ihn fragte, was er denn wolle, sagte er: »Ich kenne, o Großkönig, drei friedliche Reiche. Alle drei sind fruchtbar und sehr reich – voll von Gold und Kostbarkeiten. Ich weiß auch, dass sie ganz leicht und ohne großen Aufwand zu erobern sind. Wenn Ihr wollt, können wir zusammen die Sache angehen, denn ich weiß, wie.«

Die Augen des Königs leuchteten auf, als er das hörte, und er fragte begierig: »Wann sollen wir aufbrechen?«

»Morgen, o Herr! Rüste bis dahin dein Heer, ich komme am Morgen wieder.«

Damit verabschiedete sich Sakka und verschwand. Der König ließ in aller Eile sein Heer rüsten und wartete am anderen Morgen gestiefelt und gespornt auf den jungen Brahmanen. Als er nicht kam, ließ er seine Minister rufen und forderte sie auf, ihm den Mann zu bringen, der anderntags bei ihm gewesen war.

»Wo habt Ihr ihn denn einquartiert?«, fragten ihn die Minister.

Der König musste zugeben, dass er dem Mann keine Wohnung zugewiesen hatte.

»Wie aber sollen wir ihn dann finden?«, wollten sie wissen.

Ungeduldig befahl ihnen der König, die ganze Stadt nach ihm abzusuchen. Doch vergeblich. Der junge Brahmane war und blieb verschwunden.

Da wurde der König schwermütig darüber, dass er durch seine eigene Dummheit den Mann hatte gehen lassen und die drei Reiche nicht einnehmen konnte. Er nahm sich die Sache so zu Herzen, dass er blutigen Durchfall bekam, der, so sehr die Ärzte sich auch bemühten, einfach nicht heilen wollte.

Als Sakka nach drei Tagen bemerkte, wie es um den König stand, nahm er wieder menschliche Gestalt an und ließ dem König ausrichten, ein heilkundiger Brahmane wolle ihn sehen.

Der König aber sagte: »Die größten Ärzte konnten mich nicht heilen, wie sollte es dieser können? Gebt ihm Geld und schickt ihn weg.«

»Ich brauche kein Geld«, entgegnete der Bodhisatta dem Diener, »sag dem König, ich werde ihn heilen, er soll mich nur zu sich lassen.«

Als der König hörte, wie hartnäckig der neue Arzt sei, gab er nach.

»Du willst mich also heilen?«, fragte er den Brahmanen, nachdem sie sich begrüßt hatten.

»Ja, das werde ich. Aber erzähl mir zunächst einmal, wie es dazu kam, dass du krank wurdest. Hast du etwas Falsches gegessen oder etwas Besonderes gesehen oder gehört?«

»Etwas Besonderes gehört«, seufzte da der König, und er erzählte dem Bodhisatta, was sich begeben hatte. »Ich habe dem Mann weder eine Wohnung anweisen lassen noch ihm Geld für eine Wohnung gegeben. Da wird er zornig geworden und zu einem anderen König gegangen sein. Wenn du kannst, so heile mich von dieser Krankheit, die ich mir wegen meiner Gier zugezogen habe.«

»O Großkönig«, sagte da der Bodhisatta, »mit pflanzlichen Mitteln bist du nicht zu heilen. Dir kann allein die Einsicht helfen.

Den Biss der Kobra kann so mancher heilen,
Dämonenwunden immerhin der Weise;
Doch gegen Habgier ist kein Kraut gewachsen.
Wer könnt schon den Verblendeten kurieren?

Hör mir zu, Großkönig: Wenn du diese drei Reiche gewonnen hättest, könntest du denn in allen vier zugleich sein? Könntest du vier Gewänder gleichzeitig anziehen und aus vier goldenen Schüsseln gleichzeitig essen und in vier königlichen Betten schlafen? Die Gier, das musst du verstehen, ist die Wurzel allen Unglücks. Den, der sie nährt, bringt sie in die verschiedenen Arten von Hölle. Darum gib sie auf, o mein Fürst!«

Als der König diese Worte hörte, ging ihm die Wahrheit des Gesagten auf; er besann sich auf das, was er besaß, und verlangte nicht nach weiterem, und schon bald war er von der roten Ruhr befreit. Fortan lebte er maßvoll und bescheiden und verrichtete gute Werke, bis er starb und an den Ort seiner Verdienste kam.

* * *

Der Affe und die Erbse

Wieder einmal war der Bodhisatta in einer seiner Existenzen Minister des Königs von Benares geworden. Als Unruhen an einer der Grenzen des Reiches ausbrachen, machten sich die beiden mit ihrem Gefolge auf die Reise dorthin und übernachteten unterwegs in einem Park. Während abends die Pferde mit getrockneten Erbsen gefüttert wurden, sprang einer der Affen, die im Park lebten, von einem Baum herunter, stahl sich von den Erbsen, so viel er tragen konnte, und kletterte geschwind wieder auf den Baum. Dort setzte er sich auf einen Ast und begann zu essen.

Da fiel ihm aus Versehen eine Erbse aus der Hand und landete auf dem Boden. Ärgerlich warf der Affe alle Erbsen, die er noch hatte, fort und hastete hinunter, um die eine verlorene zu suchen. Als er sie nicht finden konnte, stieg er so betrübt und verdrossen wieder hinauf, als ob er tausend Prozesse verloren hätte.

Der König hatte das Treiben des Tieres beobachtet und fragte nun seinen Minister: »Freund, warum hat der Affe das wohl getan?«

Der Bodhisatta entgegnete: »O Großkönig, nur Unkluge und Toren handeln so, dass sie das Viele nicht achten und das Wenige in Ehren halten.« Und er sprach die folgende Strophe:

Auf diese Weise, König, werden
Auch wir und alle, die zu gierig,
Um wenig willen viel verlieren –
Dem Affen gleich mit seiner Erbse.

* * *

Der doppelte Schaden

Einst wohnte der Bodhisatta als eine Baumgottheit an einem See. Die Bewohner des nahe gelegenen Dorfes pflegten hier zu fischen, und eines Tages kam einer von ihnen zusammen mit seinem Sohn und warf seine Angel aus. Der Haken blieb an einer spitzen Baumwurzel auf dem Seeboden hängen, der Angler aber dachte, als er ihn nicht herausziehen konnte, er hätte einen dicken Fisch gefangen. Da er keine Lust hatte, die Beute mit seinen Nachbarn zu teilen, sagte er zu seinem Sohn: »Rasch, geh heim und sag der Mutter, wir hätten einen großen Fisch gefangen und sie möchte mit den Nachbarn einen Streit anfangen, damit sie sich fern halten und nichts von uns erwarten.«

Der Junge rannte nach Hause, und die Frau tat wie geheißen. Sie steckte sich einen Palmenzweig hinters Ohr, beschmierte das eine Auge dick mit Ruß und nahm ihren Hund auf den Arm. So ging sie zur Nachbarin. »Wie siehst du denn aus?«, fragte die erstaunt. »Mit dem Zweig da und ganz beschmiert, und dann trägst du noch deinen Hund, als ob's dein Kind wäre! Bist du verrückt geworden?«

»Du dummes Stück«, schrie die Frau, »wie kommst du dazu, mich zu beleidigen? Ich soll verrückt sein? Jetzt gehe ich zum Dorfvorsteher und zeig dich an!« Der Dorfvorsteher gab allerdings der Nachbarin Recht und ließ die Frau verprügeln.

Währenddessen hatte der Mann vergeblich versucht, den Haken aus dem Wasser zu ziehen. Schließlich entkleidete er sich und stieg ins Wasser, weil er Angst hatte, die Schnur zu zerreißen. Er tauchte immer wieder unter und rammte sich schließlich die spitze Wurzel, an der sich der Haken verfangen hatte, ins Auge. Und als er vor Schmerz brüllend ans Ufer stieg, bemerkte er obendrein, dass ihm ein Dieb seine Kleider gestohlen hatte.

Die Baumgottheit aber sagte streng:

Ein Auge blind, das Kleid verloren,
Beim guten Nachbarn fürderhin verhasst:
Die ganze Mühe hat euch nichts gefruchtet –
Dir nicht im See und nicht der Frau an Land.

* * *

Der tugendhafte Elefant

Einst wurde der Buddha als Elefant im Himalaya geboren. Er war aber kein gewöhnlicher Elefant, sondern ganz und gar weiß und von vollkommener Schönheit. Er glänzte wie Silber, seine Augen waren wie Edelsteine, sein Maul wie ein rotes Tuch, sein Rüssel wie ein mit Goldtropfen verzierter silberner Strick und seine Füße wie aus Lack. Als er erwachsen war, wurde er von den anderen Elefanten der Gegend so bewundert, dass sie sich alle um ihn versammelten und ihm dienten. Er aber begriff bald, dass diese Art von Leben nicht richtig war, und verließ seine Bewunderer, um allein im Wald zu wohnen. Darum wurde er von allen nur der tugendhafte Elefantenkönig genannt.

Eines Tages nun verirrte sich ein armer Waldarbeiter in der Gegend, in die sich der Elefant zurückgezogen hatte, und lief jammernd und klagend herum, bis sich der Bodhisatta seiner erbarmte und zu ihm hinging. Zu Tode erschrocken, rannte der Mann zunächst vor dem Tier davon, bis er merkte, dass es ihm nichts Böses antun wollte. Da blieb er stehen und wartete. Der Elefant fragte ihn, was denn los sei, und als der Waldarbeiter ihm erklärte, er habe sich verlaufen, nahm er ihn mit zu sich nach Hause, gab ihm Beeren zu essen und brachte ihn einige Tage später auf seinem Rücken bis an den Waldrand. Dort bemerkte er ernst, er solle niemandem verraten, wo er, der Elefantenkönig, wohne.

Der Mann aber hatte sich anhand der Bäume und Sträucher den Weg gemerkt, und da er habgierig war und die prächtigen Stoßzähne des Elefanten gesehen hatte, fragte er bei der nächsten Gelegenheit einige Elfenbeinschnitzer, ob sie an einem Zahn von einem lebendigen Tier Interesse hätten. Als er sah, wie begeistert sie über diese

Aussicht waren, nahm er eine Säge und machte sich auf den Weg zurück in den Wald. Demütig erklärte er dem Bodhisatta, er sei arm, und wenn er ihm ein Stück von seinem Zahn geben würde, könne er es verkaufen und davon leben. »Also gut«, sagte der Elefant mitleidig, »du kannst die beiden Stoßzähne haben. Ich geb sie dir aber nicht etwa, weil ich sie nicht zu schätzen wüsste, sondern weil mir die Stoßzähne der Allwissenheit weit lieber sind.« Er setzte sich, und der Arbeiter sägte und sägte, bis die Zähne abfielen. Der Elefant hob sie auf, gab sie ihm und hoffte, dafür allwissend zu werden.

Nach einem Weilchen hatte der Mann das ganze Geld ausgegeben und ging also wieder in den Wald. »Was willst du nun?«, fragte ihn der Elefant. »Ich habe Schulden, bitte gebt mir auch die übrigen Zähne!«, erklärte der Waldarbeiter dreist. »Also gut«, seufzte der Bodhisatta und ließ ihn alle seine Zähne absägen. Und wieder verging einige Zeit, da erschien der Mann zum dritten Mal im Wald. »Ich brauche auch die Zahnwurzeln«, sagte er, und wieder erhielt er die Erlaubnis, sie sich zu nehmen.

Nun aber hatte die Erde genug von dem Bösewicht, und sobald der Mann den Elefanten verlassen hatte, tat sie sich auf, und die Flammen der Hölle fassten und verschluckten ihn auf Nimmerwiedersehen.

Da sagte eine Baumgottheit, die alles mit angesehen hatte, laut in den Wald:

Wenn sich ein Mann mit nichts begnügt,
Und immer nur den Mangel sieht –
Gäb man ihm auch die ganze Welt,
Nie käm sein Herz zur Ruhe.

gleichmut

Während die Geduld uns ermöglicht, unangenehme Situationen, leidvolle Zustände gelassen zu ertragen, befähigt Gleichmut den Weisen dazu, solche Situationen, Erlebnisse oder Zustände gar nicht erst als negativ zu erfahren, also Hitze und Kälte, Hunger und Sattsein, Lust und Schmerz als gleichwertig – das heißt: als gleichermaßen bedeutungslos – wahrzunehmen. Wie der Buddha sagte:

> Dessen Sinn wie ein Felsen fest ist und nicht wankt,
> Frei von Lust bei allem, was immer Lust erregt,
> Wer nicht zürnt, was immer auch Zorn erregen mag –
> Dem, der solchen Sinns, kann Leid nie widerfahren.

Die tote Kuh

Es lebte einmal ein Gutsbesitzer, der einen Sohn namens Sujata hatte. Als der Junge, der Bodhisatta in einer neuen Existenz, herangewachsen war, starb plötzlich sein von allen sehr geliebter Großvater. Alle Verwandten waren traurig, der Vater des Bodhisatta aber war schier untröstlich. Er ließ in seinem Park über den Knochen des Verstorbenen ein Mahnmal errichten und begab sich täglich dorthin, um Blumen niederzulegen, zu weinen und zu klagen. Er badete nicht mehr, vernachlässigte sein Äußeres und kümmerte sich nicht mehr um seine Geschäfte.

Als Sujata das bemerkte und befürchtete, der Vater werde seine Gesundheit ruinieren, dachte er bei sich, dass niemand außer ihm ihn wieder zur Vernunft bringen könne. Und nachdem er eine Weile überlegt hatte, fiel ihm eine Methode ein, mit der er vielleicht Erfolg haben könnte. Er wartete, bis er einmal eine tote Kuh auf der Straße liegen sah. Da ging er nach Hause, holte eine Schüssel mit Wasser und Gras, brachte beides zu dem Kadaver und legte es vor dessen Maul. »Iss«, sagte er dann auffordernd, »und trink auch ein wenig!«

Die Vorübergehenden schüttelten die Köpfe und sagten: »Bist du verrückt geworden, Sujata? Du bietest einer toten Kuh Wasser und Gras an!«

Sujata aber entgegnete nichts und forderte nur das Tier weiter auf, zu essen und zu trinken, bis sein Vater von dem seltsamen Betragen des Sohnes erfuhr.

»Dein Sohn ist verrückt geworden«, erzählten ihm die Leute, und als er das hörte, erschrak er heftig und vergaß die Trauer um seinen Vater. Er ging an den Ort, wo Sujata und die tote Kuh waren, und fragte den Sohn: »Bist du nicht bei Trost, mein Lieber? Wieso willst du eine tote Kuh füttern?«

Da erwiderte Sujata:

Das Tier hat doch noch seinen Kopf
Und die vier Beine und den Schwanz,
Ohren sind gleichfalls noch zu sehen:
Die Kuh könnt wieder aufstehn, mein ich.

Vom Großpapa sieht man hingegen
Nicht Kopf, nicht Leib, nicht Hand noch Füße;
Wenn du bei seinem Grabmal weinst,
Hast *du* nicht den Verstand verloren?

Als der Vater dies hörte, dachte er bei sich: »Mein Sohn ist wahrlich weise. Er hat das alles nur getan, um mich zu belehren und zu heilen.«

Er sagte zärtlich: »Mein Sohn, ich habe nun erkannt, dass alles

Geschaffene dem Verfall unterworfen ist. Von nun an werde ich nicht mehr um den Vater trauern. Du bist wahrlich ein guter Sohn!«

Frei bin ich jetzt von meinem Kummer,
Fort ist der Schmerz, und ich bin heiter;
Nie werd ich wieder trauern oder weinen,
Nachdem ich dich, mein Sohn, vernommen.

* * *

Die Geschichte von der Schlange

Wieder einmal wurde der Bodhisatta in einer Brahmanen-Familie wiedergeboren. Als er erwachsen war, heiratete er und bekam zwei Kinder, einen Sohn und eine Tochter. Und als auch diese erwachsen waren und sein Sohn geheiratet hatte, wohnten zudem seine Schwiegertochter und eine Magd bei ihm. Alle im Haus waren sich sehr zugetan, und nie gab es Streit zwischen ihnen. Der Familienvater ermahnte täglich die anderen, Almosen zu geben, die Gebote zu halten, die Fastentage zu beachten und daran zu denken, dass der Tod nun einmal unausweichlich ist. »Alles Gewordene«, so pflegte er zu sagen, »ist dem Wandel unterworfen, alles, was entsteht, muss irgendwann einmal vergehen.«

Eines Morgens machten sich Vater und Sohn auf den Weg hinaus aufs Feld, um zu pflügen. Als der Sohn zwischendurch an den Feldrain ging, um dort Unrat abzuladen und zu verbrennen, wurde er von einer Kobra gebissen, die hier in einem Termitenhügel wohnte und sich von dem Rauch des Feuers gestört fühlte. Er fiel zu Boden und starb bald darauf.

Als der Vater sich nach ihm umschaute, sah er ihn dort liegen. Er ließ sofort seine Ochsen im Stich und ging nachsehen, was passiert war. Sobald er sich vergewissert hatte, dass sein Sohn tot war, hob er ihn auf, schleppte ihn zu einem Baum und legte ihn dort sorgfältig nieder. Er weinte weder noch klagte er, sondern dachte: »Alles Lebendige muss irgendwann sterben. Alles Gewordene ist dem Wandel unterworfen und wird nach einer gewissen Zeit vernichtet.« Damit ging er zu seinen Ochsen zurück und pflügte ruhig weiter.

Als ein Nachbar vorbeikam, sprach der Hausvater ihn an: »Freund, sag mir, gehst du ins Dorf zurück?«

Als dieser bejahte, trug er ihm auf, seiner Frau auszurichten, statt wie sonst zwei heute nur ein Mittagessen aufs Feld hinauszubringen. Doch möge diesmal die ganze Familie sie in ihren besten Kleidern begleiten und Blumen und Räucherwerk mitbringen.

Der Nachbar versprach, alles so auszurichten. Die Brahmanin wusste gleich, was geschehen war, aber auch sie zitterte und weinte nicht. Gedankenvoll zog sie ihre besten Kleider an, nahm das Verlangte und ging mit den Familienmitgliedern zu ihrem Mann aufs Feld hinaus. Sie setzten sich alle neben den Leichnam, der Mann verzehrte das mitgebrachte Essen, dann sammelten sie Holz und verbrannten den Toten, nachdem sie ihn mit Räucherwerk und Blumen geehrt hatten. Keiner von ihnen hatte auch nur eine Träne in den Augen.

Aufgrund dieses so ungewöhnlichen Gleichmuts dem Tod gegenüber, der großen Weisheit dieser Menschen, wurde Sakkas Thron heiß, und der Götterkönig sah nach, was auf der Erde los war. »Ich möchte mit diesen Leuten reden«, dachte er bei sich, »und sie belohnen.« Er nahm also menschliche Gestalt an, erschien vor der Familie auf dem Feld und fragte sie, was sie da täten.

»Wir verbrennen einen Menschen!«, sagten sie.

»Ihr verbrennt keinen Menschen, sondern ein Tier«, entgegnete Sakka darauf.

»Nein, Herr, es ist ein Mensch.«

»Dann war es wohl ein Feind von euch?«, forschte Sakka.

»Es war mein Sohn, Herr«, sagte der Bodhisatta ruhig.

»Dann hast du ihn wohl nicht sehr lieb gehabt?«

»O doch, Herr, ich liebte ihn über alles!«

»Aber warum weinst du dann nicht?«, erkundigte sich Sakka.
Da sprach der Bodhisatta:

So wie die Schlange ihre alte Haut
Abstreift und von dannen kriecht,
So legt der Mensch den Körper ab,
Sobald das Band des Lebens endet.

Da er verbrannt ist, weiß er nicht,
Dass die Verwandten um ihn klagen;
Deshalb betraure ich ihn nicht:
Er ging den vorbestimmten Weg.

Als Sakka das hörte, wandte er sich an die Mutter. »Und du? Was hat dir dein Sohn bedeutet?«

»Herr, ich habe ihn neun Monate in meinem Leib getragen, ich habe ihn mit meiner Milch genährt, ich habe ihn gelehrt, Hände und Füße zu benutzen, ich habe ihn heranwachsen sehen und behütet.«

»Mutter«, sagte Sakka, »ein Vater ist ein Mann und weint deshalb nicht. Aber das Herz einer Mutter ist weich. Warum also weinst du nicht?«

Da sagte die Mutter:

Ungerufen kam er her,
Ohne Abschied ging er;
So wie er kam, so ging er auch:
Was sollt ich drüber jammern?

Da wandte sich der Götterkönig an die Schwester des Toten. »Liebe, was hat dir der Verstorbene bedeutet?«

»Er war mein Bruder!«, sagte sie einfach.

»Aber Schwestern lieben doch ihre Brüder, warum weinst du nicht?«

Sie aber sagte ruhig:

Weint' ich und täte ich mich kasteien,
Was hätt's für einen Nutzen?
Eltern, Freunden und Verwandten
Würd ich dadurch nur Kummer machen.

Nun fragte Sakka die Frau des Toten: »Was war der Tote dir?«
»Er war mein Mann!«, sagte die Frau still.
»Aber nach dem Tod ihrer Gatten sind Frauen hilflos. Warum weinst du nicht?«

Kindisch wie ein Kind, das weint,
Weil's den Mond nicht greifen kann,
Würde sich ja der verhalten,
Der um einen Toten klagt.

Nun blieb nur die Magd noch übrig, und der Götterkönig wandte sich an sie: »Was hat dir dieser Mann bedeutet?«
»Er war mein Gebieter«, sagte die Magd.
»Da hat er dich sicher sehr geärgert und seinen Zorn an dir ausgelassen. Weinst du deshalb nicht, weil du froh bist, dass er endlich tot ist?«
»O Herr«, sagte die Magd da entrüstet, »sprecht nicht so! Was Ihr sagt, passt überhaupt nicht auf diesen Toten da. Er war die Güte und Liebe selbst. Er war für mich wie ein Sohn.«
»Ja, aber warum weinst du dann nicht?«
Da sagte die Magd:

So wie die Scherben eines Krugs
Kein Mensch wieder zusammenfügt,
So wenig brächte meine Trauer
Den Toten in die Welt zurück.

Da er verbrannt ist, weiß er nicht,
Dass die Verwandten um ihn klagen;
Deshalb betraure ich ihn nicht:
Er ging den vorbestimmten Weg.

Da war Sakka restlos davon überzeugt, dass die ganze Familie die richtige Einstellung zum Tod und zur Vergänglichkeit verinnerlicht hatte. Er beschenkte sie mit großen Reichtümern, auf dass sie nicht mehr so hart arbeiten müssten, ermahnte sie, weiter ihrer Haltung treu zu bleiben – und verschwand.

* * *

Der Kuhmistwurm

Einst regierte in Potali, einer Stadt im Reich Kasi, der König Assaka. Er hatte eine schöne und reizende Frau namens Ubbari. Eines Tages erkrankte sie aber und starb kurz darauf. Der König war über ihren Tod schier untröstlich. Er ließ ihren Leichnam einbalsamieren, mit duftenden Ölen einreiben und in einem Sarg unter sein Bett schieben. Er selbst legte sich weinend auf sein Lager und verweigerte jegliche Nahrung. Alle seine Freunde und Verwandten, Diener und Minister versuchten ihn mit den Worten zu trösten, dass schließlich alles dem Verfall und dem Tod anheim falle und keine Klagen dagegen helfen könnten. Der König jedoch hörte nicht auf sie, blieb trauernd liegen und vernachlässigte alle seine Pflichten.

Der Bodhisatta lebte nun zu dieser Zeit als Asket im Himalaya und sah mit seinem göttlichen Blick, was sich dort unten im Reich Kasi zutrug. »Ich muss dem König helfen«, dachte er bei sich, als der Zustand des Assaka auch nach sieben Tagen unverändert blieb. Mithilfe seiner übernatürlichen Kräfte flog der Asket nach Potali, landete im königlichen Park und ließ sich wie eine goldene Bildsäule auf dem Steinsitz des Königs nieder.

In diesem Augenblick kam ein junger Brahmane vorbei, der sich, nachdem er ihn respektvoll begrüßt hatte, zu dem Asketen setzte. Sie kamen auf den König zu sprechen, und der Brahmane bat den Asketen, doch dem Armen zu helfen, das große Leid, das über ihn hereingebrochen war, zu besiegen.

»Ich kenne euren König nicht«, sagte da der Asket, »wenn er mich aber darum bitten würde, könnte ich sagen, als was die Königin wiedergeboren wurde, sie ausfindig machen und bewirken, dass sie mit ihm spricht.«

Der junge Brahmane bat auf diese Worte hin den Bodhisatta eifrig, doch ja dort sitzen zu bleiben, er würde den König auf der Stelle zu ihm bringen. Er ging in das Gemach seines Fürsten, erzählte ihm von dem weisen Asketen und dessen Angebot, und sofort sprang der König auf, ließ seinen Wagen anspannen und sich in den Park fahren.

Er begrüßte den Asketen freundlich, setzte sich neben ihn und fragte: »Ist es wahr, dass du weißt, an welchem Ort die Königin wiedergeboren wurde und als was?«

»Ja, o Großkönig, das stimmt!«

»O bitte, dann sag es mir doch!«, versetzte aufgeregt der König.

»Nun, da die Königin zwar sehr schön, aber eben nur um ihr Aussehen und um nichts anderes bekümmert war und sie auch keine guten Werke verrichtete, ist sie hier in diesem Park als Kuhmistwurm wiedergeboren worden.«

Der König schwieg einen Augenblick lang verdutzt, dann sagte er zornig: »Ich glaube dir kein Wort!«

»Da ich mir das gedacht hatte«, entgegnete gelassen der Asket, »werde ich sie dir zeigen und zum Sprechen bringen.«

Darauf befahl er: »Die beiden, die sich gerade durch einen Kuhfladen fressen, sollen vor dem König erscheinen!« Da krochen zwei hässliche Würmer vor den König hin. Auf den einen zeigte der Bodhisatta und sagte: »Das da, o Herr, ist deine Gattin Ubbari. Sie hat dich verlassen und ist jetzt in einen Kuhmistwurm verliebt. Sieh sie dir nur an!«

»Das glaube ich nicht«, wiederholte der König entsetzt.

»Ubbari!«, sprach der Asket da den einen Wurm an und verlieh ihm gleichzeitig für den Augenblick die Fähigkeit zu sprechen.

»Was ist, Herr?«, fragte der Wurm unwirsch.

»Was warst du in deinem vergangenen Leben?«

»Herr, ich war die Frau des Königs Assaka und hieß Ubbari.«

»Schön, und liebst du den König immer noch oder eher diesen schmutzigen Kuhmistwurm hier?«

»Herr«, gab die frühere Ubbari zur Antwort, »in meiner letzten Existenz konnte ich mit dem König in diesem Park lustwandeln. Ich konnte sehen, hören, riechen, schmecken und fühlen. Jetzt aber, was soll mir da der König noch bedeuten? Ich könnte ihn ohne Bedenken töten und mit dem Blut, das aus seiner Kehle strömt, die Füße des Kuhmistwurmes hier, meines jetzigen Gatten, salben.« Und dann sprach sie die folgenden Verse:

Mit König Assaka dereinst
Weilt ich an dieser Stätte;
Ich liebte ihn, er liebte mich –
Er war mein teurer Gatte.

Doch neues Glück und neues Leid
Machen Vergangenes vergessen,
Drum gilt mir dieser Wurm viel mehr
Als dort der König Assaka.

Als der König diese Worte hörte, bereute er seine unmäßige Trauer. Er bedankte sich bei dem Bodhisatta, wusch sich und ließ auf der Stelle den Leichnam seiner Frau aus seinem Zimmer entfernen. Er heiratete wieder und kümmerte sich wie zuvor um seine Regierungsgeschäfte. Der Asket aber kehrte in den Himalaya zurück.

Gottvertrauen

Im Kontext einer Religion, die Gottheiten als ebenso sterblich, fehlbar und eigennützig wie jedes andere Wesen auch ansieht, könnte dies wie eine recht fragwürdige Tugend erscheinen. Aber auch Eltern sind weder vollkommen noch allmächtig, noch selbstlos, und dennoch bedeutet das Vertrauen, das ihnen fast jedes Kind bis zu einem gewissen Alter entgegenbringt, einen starken seelischen Schutz. Genauso kann es in einer scheinbar ausweglosen Situation, angesichts einer unlösbaren Aufgabe, ein großer Trost für uns Menschen sein, darauf zu vertrauen, dass es eine höhere Macht gibt, die uns zu helfen vermag. Ein solches Vertrauen nimmt uns die erdrückende Last von der Seele, die Angst und die Verwirrung, und ermöglicht uns dadurch – selbst wenn uns kein Götterkönig Sakka erscheint –, die Lage gelassener und damit klarer zu betrachten und am Ende vielleicht doch aus eigener Kraft aus ihr herauszufinden.

Die schwierigen Aufgaben

In einer seiner Existenzen wurde der Bodhisatta Hauspriester des Königs Yasapani von Benares. Der König selbst war ein gerechter, gütiger Herrscher, freigebig und mild seinen Untertanen gegenüber. Sein Heerführer allerdings, ein Mann namens Kalaka, der auch als Richter tätig war, ließ sich bestechen und fällte seine Urteile nach der Höhe der empfangenen Summen. Daher war es die Regel, dass Menschen zu Unrecht verurteilt wurden oder dass ihre Klage abgewiesen wurde.

So geschah es auch einmal einem armen Mann, der nach dem Urteil auf der Straße so laut jammerte und klagte, dass sich eine Menschenmenge um ihn versammelte. Da kam gerade der Hauspriester Dhammaddhaja des Weges, und der Mann, der seinen guten Ruf kannte, fiel ihm zu Füßen und beschwerte sich über den Richter. Er erzählte ihm, was sich begeben habe, und der Bodhisatta hatte Mitleid mit ihm. Er forderte ihn auf, mit ihm zu kommen, ließ seinen Fall sofort noch einmal prüfen und gab ihm schließlich in der Angelegenheit Recht. Die Menschenmenge, die gespannt gewartet hatte, fing daraufhin laut an zu jubeln.

Der König, der den Lärm hörte, erkundigte sich, was es denn gäbe, und als er erfuhr, was geschehen war, ließ er seinen Hauspriester rufen und sich die Sache noch einmal haarklein schildern. Als der König erkannte, wie klug und gerecht die Entscheidung seines Priesters war, verkündete er, Kalaka sei mit sofortiger Wirkung seines Amtes enthoben, und Dhammaddhaja sei von nun an Richter. Darüber war Kalaka maßlos empört, und zwar vor allem, weil ihm auf diese Weise die vielen Bestechungsgelder entgingen.

Er dachte nach und verfiel auf einen bösen Plan. Nachdem einige Zeit vergangen war, begab er sich zum König und erzählte ihm, Dhammaddhaja wolle ihn vom Thron stürzen.

Der König glaubte ihm zuerst nicht, aber da sagte Kalaka: »Da kommt er gerade, schau nur aus dem Fenster, o Großkönig, dann kannst du dich selbst überzeugen, wie viele Anhänger er schon gewonnen hat!« Als der König das große Gefolge des neuen Richters sah, wurde er unsicher, ob Kalaka nicht vielleicht doch Recht habe, und fragte seinen ehemaligen Heerführer, was er denn vorschlage.

»Ihn töten!«, kam die prompte Antwort.

»Aber mit welcher Begründung?«, fragte der König. »Er hat doch nichts verbrochen!«

»Ganz einfach«, entgegnete Kalaka böse lächelnd, »wir stellen ihm eine Aufgabe, an der er mit Sicherheit scheitern wird, dann kannst du ihn mit dem Tod dafür bestrafen. Lass ihn als Erstes bis morgen einen Park anlegen. Dazu ist er nie und nimmer imstande.«

Der König nickte nachdenklich, ließ seinen Richter rufen und befahl ihm, bis zum nächsten Morgen einen Park anzulegen, sonst müsse er sterben. Der Bodhisatta wusste sofort, wem er diese unlösbare Aufgabe zu verdanken hatte, aber er ging ruhig nach Hause, aß zu Abend und legte sich dann hin, um nachzudenken.

Da wurde dem Götterkönig Sakka plötzlich der Thron heiß, und das war das Zeichen, dass in der Welt der Menschen etwas geschah, was sein Eingreifen erforderte. Er flog hinab auf die Erde, erschien im Schlafgemach des Bodhisatta und fragte ihn, was ihn denn so beschäftige.

»Ich muss bis morgen einen Park erschaffen und weiß nicht wie«, sagte Dhammaddhaja. »Sonst muss ich sterben.«

»Mach dir keine Sorgen«, erklärte Sakka, »ich werde dir helfen. Wo soll der Park hin?«

Der Bodhisatta beschrieb ihm den Platz, und am nächsten Tag war der Park mit Bäumen und Blumen fertig. Dhammaddhaja ging zum König und verkündete, er habe seine Aufgabe erfüllt.

Der König riss die Augen auf und bestellte Kalaka zu sich. »Siehst du, o Großkönig«, sagte der ehemalige Heerführer, »jemand, der in einer Nacht einen Park schaffen kann, kann der nicht auch ein Königreich an sich reißen? Wir müssen eine neue, schwierigere Aufgabe für ihn finden.«

Nach einigem Überlegen beauftragten sie den Bodhisatta damit, einen aus den sieben Kleinodien bestehenden Lotosteich zu erschaffen. Wieder griff Sakka ein und schuf einen Lotosteich mit hundert Badeplätzen, tausend Felsenklippen und bedeckt mit fünffarbigen Lotosblüten.

Am nächsten Tag meldete der Bodhisatta dem König: »Dein Lotosteich ist fertig, o König!«

Wieder mussten sich König und Kalaka etwas Neues ausdenken. »Baue uns neben diesem Teich bis morgen ein ganz aus Elfenbein bestehendes Haus, sonst musst du sterben!« Auch diese Forderung erfüllte Sakka sowie eine weitere, die darin bestand, ein zu Haus und Teich passendes Juwel zu erschaffen.

Da sagte Kalaka zum König: »O Fürst, ich glaube, dass eine Gottheit dem Dhammaddhaja dabei hilft, unsere Aufgaben zu erledigen, wir müssen uns etwas überlegen, was auch ein Gott nicht bewältigen kann. Befiehl ihm also, einen Parkwächter zu besorgen, der mit den vier Vollkommenheiten ausgestattet ist!«

Der König tat, wie ihm sein Heerführer geraten hatte, und erklärte seinem Hauspriester, was er nun noch von ihm wollte. Der Bodhisatta ging ruhig nach Haus und legte sich nach dem Abendessen zu Bett. Als er am Morgen aufwachte, dachte er bei sich: »Der Götterkönig hat alles getan, was er tun konnte. Diese letzte Aufgabe aber kann auch er nicht lösen. Da also mein Tod beschlossene Sache ist, möchte ich lieber allein in den Wald gehen und dort in der Einsamkeit sterben.« So verließ er heimlich seinen Palast und suchte einen tiefen Wald auf. Hier setzte er sich unter einen Baum und dachte über die Tugend der Weisen nach.

Sakka, der ihn beobachtet hatte, nahm nun die Gestalt eines Waldarbeiters an, erschien vor Dhammaddhaja und fragte, warum er hier sitze. Als ihm der Bodhisatta erklärt hatte, was der König wollte und dass selbst Sakka ihm nicht helfen könne, gab sich der Götterkönig zu erkennen und sagte: »Nein, du hast Recht, einen solchen Menschen kann selbst ich nicht erschaffen. Aber ich weiß, dass Chattapani, der Barbier des Königs, mit den vier Vollkommenheiten ausgestattet ist. Geh also getrost zum König und sage ihm, er möchte Chattapani zu seinem Parkwächter ernennen.«

Dhammaddhaja bedankte sich und ging direkt zum Palast des Königs. Dort suchte er nach dem Barbier. »Ist es wahr, Freund«, fragte er, nachdem er ihn begrüßt hatte, »dass du mit den vier Vollkommenheiten ausgestattet bist?«

»Wer hat dir das gesagt?«, fragte Chattapani zurück.

»Sakka, der König der Götter!«

»Ja, es stimmt«, entgegnete darauf der Barbier ruhig.

»Dann komm mit mir zum König«, sagte Dhammaddhaja, nahm ihn bei der Hand, führte ihn zum König und stellte ihn vor: »Hier ist dein neuer Parkwächter, so wie du ihn wünschtest.«

»Mit welchen Vollkommenheiten bist du ausgestattet?«, fragte der König den Barbier.

Frei bin ich von Neid, o Fürst
Vom Branntwein hielt ich stets mich fern;
Der Lust hab ich noch nie gefrönt
Und habe niemals Zorn verspürt.

Als der König Näheres wissen wollte, erzählte Chattapani ausführlich, auf welche Weise er durch Erlebnisse in früheren Existenzen diese Vollkommenheiten erworben hatte. Der König war über diese Antworten so befriedigt und von der Redlichkeit des Bodhisatta und der Lügenhaftigkeit des Heerführers mit einem Mal so absolut überzeugt, dass er seinen Dienern einen Wink gab und den Verleumder verhaften ließ. Er entschuldigte sich bei Dhammaddhaja und nahm ihn in Ehren wieder auf.

Keuschheit

Natürlich kann absolute geschlechtliche Enthaltsamkeit, wie sie von Mönchen und Nonnen verlangt wird – beziehungsweise wie jeder Asket sie sich selbst auferlegt –, kein allgemein gültiges Gebot sein: Für Menschen, die in der Welt leben, bedeutet sie, sich nicht gedankenlos, wahllos sexuell zu betätigen; sie bedeutet, sich vom Sexualtrieb nicht zu Handlungen verleiten zu lassen, die man anschließend bereuen könnte.

Die Nymphe

Einst vertrieb der König von Benares aus Angst, er könne ihm die Herrschaft streitig machen, seinen eigenen Sohn aus der Stadt. Brahmadatta, so hieß der Sohn, ging daraufhin mit seiner Frau Asitabhu in die Verbannung in den Himalaya, baute dort aus Zweigen und Laub eine Hütte und ernährte sie beide, indem er Fische fing, Tiere jagte und Früchte sammelte – und beide lebten glücklich und zufrieden. Eines Tages aber sah Brahmadatta im Wald eine Nymphe und verliebte sich in sie. Er folgte ihrer Spur tief in den Wald hinein und vergaß seine wartende Frau.

Mit der Zeit wurde Asitabhu sehr hungrig, und als sie sich nun selbst in den Wald begab, um nach Beeren zu suchen, traf sie auf einen tief in Meditation versunkenen Asketen – den Bodhisatta in einer neuen Existenz. Sie setzte sich respektvoll neben ihn und bat ihn, sie in seinen Künsten zu unterweisen, damit sie die Ekstase erleben könne. Er belehrte sie, und sie kehrte heiter und abgeklärten Sinnes in ihre Laubhütte zurück.

Unterdessen hatte Brahmadatta seine Suche nach der Nymphe aufgegeben und sich wieder auf seine treue Frau besonnen. So kehrte er reumütig zurück. Als Asitabhu ihn kommen sah, erhob sie sich mittels ihrer neu gewonnenen Fähigkeiten in die Luft und sagte: »Dir habe ich es letztlich zu verdanken, dass ich das Glück der Ekstase kennen gelernt habe.«

Du hast es selbst bewirkt, mein Freund,
Dass meine Liebe nun dahin ist;
Sie ist nicht wiederherzustellen,
Gleich Elfenbein, ist es einmal zerschnitten.

Sie sagte ihrem Mann freundlich Lebewohl und verschwand. Brahmadatta aber sah ihr hinterher und sagte traurig:

Wenn man missachtet, was man hat,
Und sich von Lust verblenden lässt,
Dann wird man so vom Glück verlassen
Wie ich jetzt von der lieben Frau.

So blieb er einsam und allein im Wald zurück, bis sein Vater starb und er den Thron besteigen konnte. Seine geliebte Frau allerdings sah er nie wieder.

* * *

Der goldene Pfau

Einst wurde der Bodhisatta als goldfarbener Pfau wiedergeboren, und er lebte auf dem Goldstabberg. Frühmorgens, bevor er ausflog, um Nahrung zu suchen, rezitierte er, um seinen Wohnort und sich selbst zu feien, folgenden Zauberspruch zur Verehrung des Sonnengottes:

Jetzt geht er auf, der Herr, der alles sieht,
Der alle Welt mit goldnem Licht erweckt:
Ihn bet ich an, den goldgelockten Herrscher,
Den alle Welt Bestrahlenden!
Von ihm beschützt mög ich den Tag erleben.

Anschließend verehrte er auf ähnliche Weise alle früheren Buddhas, und am Abend, wenn er heimkam, sagte er wiederum fromme Sprüche auf, um sich für die Nacht zu schützen. So verfuhr er eine ganze Weile, und nichts Böses widerfuhr ihm.

Einmal sah ihn ein Jäger auf seinem Berg sitzen und erzählte, wieder heimgekommen, seinem Sohn von dem wundersamen Vogel.

Kurz darauf träumte die Frau des Königs von Benares, sie sei von einem goldfarbenen Pfau belehrt worden, und am anderen Morgen bat sie ihren Gatten inständig, er möchte ihr diesen Pfau bringen.

Da die Minister noch nie etwas von einem solchen Pfau gehört hatten, ließ der König die Jäger seines Landes zusammenrufen und fragte sie, ob sie von einem solchen Pfau wüssten. Alle schüttelten den Kopf, nur der Sohn des einen Jägers sagte: »Ja, o Großkönig, ich kenne einen Pfau mit goldenen Federn. Er wohnt auf dem Goldstabberg!«

»So bringe ihn mir«, befahl der König. »Aber lebendig!«

Der junge Jäger machte sich gehorsam auf den Weg und versuchte, den Pfau mit Schlingen zu fangen. Wie oft er es aber auch versuchte, es wollte ihm nicht gelingen. Nach sieben Jahren starb er dort im Wald. Auch die Königin starb, als sie den Pfau nicht bekam, und der König ließ voller Zorn in eine goldene Platte die Worte ritzen: »Auf dem Goldstabberg wohnt ein goldener Pfau. Wer dessen Fleisch isst, der altert nicht und stirbt nicht.« Und er ließ die Platte gut aufbewahren.

Als nach vielen Jahren auch er gestorben war, kam ein anderer König an die Macht, der diese Platte irgendwann fand und las, was darauf geschrieben war. Sofort schickte er alle seine Jäger aus, den Pfau zu fangen, aber dank der Zaubersprüche des Bodhisatta hatte keiner von ihnen Erfolg.

Die Zeit verging, und sechs Könige waren an die Macht gekommen und gestorben. Nun bestieg der siebte den Thron. Auch er schickte einen Jäger zum Goldstabberg. Der aber passte gut auf und sah, dass die Schlinge sich nicht zusammenzog, obwohl der Pfau darauf trat. Folglich, so sagte er sich, musste das Tier einen Zauber ausgeführt haben.

Er ging nach Hause und besorgte sich ein Pfauenweibchen, das er zähmte und so abrichtete, dass es auf Kommando anfing zu tanzen und zu schreien. Mit ihm begab er sich eines Morgens in aller Frühe wieder auf den Goldstabberg, legte eine Schlinge und stellte das Pfauenweibchen dahinter. Er gab ihm das Zeichen, und sofort fing es an zu schreien und zu tanzen. Als der goldfarbene Pfau das hörte, vergaß er, von Lust verblendet, zum ersten Mal, seine Gebete aufzusagen, verließ seine sichere Wohnstatt und tappte denn auch prompt in die Schlinge.

Zufrieden packte der Jäger seine Beute und brachte sie dem König.

»O König, warum hast du mich fangen lassen?«, fragte der Pfau den Herrscher, der den schönen Vogel über die Maßen bewunderte.

»Weil derjenige, der dein Fleisch isst, weder altert noch stirbt. Deshalb hab ich dich fangen lassen.«

»Mein Fleisch soll ewiges Leben verleihen, obwohl ich selbst zuvor sterben müsste? Wie sollte das möglich sein? Wie kommst du darauf?«

»Weil du ein goldenes Gefieder hast!«, erwiderte der König.

»Wisst Ihr, o Großkönig, warum ich ein goldenes Gefieder habe?«, fragte der Pfau ruhig und fuhr dann fort: »Einst war ich selbst ein Großkönig wie Ihr. Ich befolgte die fünf Gebote und wurde nach meinem Tod im Himmel der 33 Götter wiedergeboren. Wegen eines einzigen kleinen Vergehens war mir danach ein Leben als Pfau bestimmt. Weil ich aber die Gesetze so gut befolgt hatte, ist mein Gefieder golden.«

»Kannst du beweisen, dass du einst ein weltbeherrschender König warst?«, erkundigte sich der König zweifelnd.

»Aber ja!«, sagte der Bodhisatta. »Damals pflegte ich auf einem ganz aus Edelsteinen gefertigten Wagen durch die Lüfte zu reisen. Dieser Wagen ruht nun auf dem Grund des königlichen Lotosteiches. Lass ihn herausholen, dann wirst du sehen, dass ich die Wahrheit gesagt habe.«

Der König schickte sofort seine Leute los, um den Wagen vom Grund des Teiches zu bergen, und als sie ihn tatsächlich fanden, glaubte der König den Worten des Pfaus. Der Bodhisatta aber sagte zu ihm: »O Großkönig, mit Ausnahme des Nirvana ist alles unbeständig, vergänglich und dem Verfall und Altern unterworfen. Das musst du verstehen und danach handeln.«

Als der König das gehört und weitere Belehrungen vom Pfau erhalten hatte, ehrte er ihn und wollte ihm seinen Thron überlassen. Der Pfau lehnte jedoch jegliche Ehrenbezeigung ab und sagte nur ernst: »Lass nicht nach in deinem Streben, o Großkönig!« Damit flog er zurück auf seinen Berg.

* * *

Erlösung aus den Fesseln

Einst wuchs der Bodhisatta als Sohn eines Priesters auf und wurde nach dem Tod seines Vaters Hauspriester des Königs von Benares. Dessen Frau hatte sich nun ausbedungen, dass der König keine andere Frau mehr mit begehrlichen Augen ansehen sollte, und nach einigem Widerstreben hatte er ihr schließlich sein Wort gegeben. Seine 16.000 Tanzmädchen würdigte er daraufhin keines Blickes mehr.

Eines Tages musste der König an den Grenzen seines Reiches

nach dem Rechten sehen. Seine Gemahlin wollte ihn unbedingt begleiten, er aber schlug ihr den Wunsch ab. Also bestand sie darauf, dass er ihr wenigstens alle paar Meilen einen Boten mit einer Nachricht schicken sollte. »Gut«, sagte der König und ging.

Wie versprochen schickte er in Abständen einen seiner Leute los zu berichten, wie es ihm ginge, und zu erfragen, wie es mit der Königin stände. Die Königin aber verführte nacheinander alle 32 Boten, die ihr Mann ihr auf dem Weg zur Grenze schickte, und alle 32, die er ihr auf dem Rückweg schickte.

Als der Bodhisatta erfuhr, dass der König bald kommen werde, ließ er für seine Ankunft die Stadt schmücken und begab sich dann in den Palast, um auch hier nach dem Rechten zu sehen. Bei dieser Gelegenheit erblickte ihn die Königin und verspürte große Lust, auch ihn zu verführen, also forderte sie ihn unverblümt auf, mit ihr das Bett zu teilen. Er aber erwiderte: »Wie kannst du nur so reden! Du entehrst deinen königlichen Gemahl, und ich möchte nicht sündigen!«

»64 Männer haben sich nicht davor gefürchtet, warum also du?«

»Weil ich nicht bin wie sie!«, sagte ruhig der Bodhisatta.

»Rede nicht«, fuhr da die Königin auf. »Wenn du nicht tust, wie ich will, lass ich dir den Kopf abschlagen!«

Als der Hauspriester daraufhin einfach den Raum verließ, kratzte sich die Königin wutentbrannt an verschiedenen Körperstellen blutig, rieb sich mit duftenden Ölen ein, zog ein schmutziges Gewand an und legte sich zu Bett. »Wenn der König nach mir fragt«, sagte sie zu ihren Dienerinnen, »sagt ihm, ich sei krank.«

Als der König nach Hause kam und sich nach seiner Frau erkundigte, wurde ihm dies ausgerichtet, und er begab sich sofort zu ihr. »Was ist mir dir?«, fragte er besorgt.

Sie erzählte ihm, der Hauspriester habe ihr einen unsittlichen Antrag gemacht, und als sie ihm nicht zu Willen sein wollte, habe er sie geschlagen und vergewaltigt.

Der König traute seinen Ohren nicht. Sein Zorn loderte auf und prasselte wie Salz und Zucker, die man zusammen ins Feuer wirft.

Er ließ den Hauspriester suchen und gefesselt herbeibringen, um ihn zur Rede zu stellen, bevor er ihm den Kopf abschlagen ließ.

»Warum hast du das getan?«, fragte er ihn kurz und bündig.

»Höre, o Großkönig. Solange ich lebe, habe ich nie auch nur einen Grashalm genommen, der nicht mir gehörte. Ich habe noch nie eines anderen Frau auch nur angesehen. Ich habe nicht einmal im Scherz gelogen. Ich habe in meinem ganzen Leben nicht so viel Wein getrunken, wie auf die Spitze eines Grashalms passt. Ich habe mich gegen dich nicht versündigt. Sie war es, die mich begehrte. Sie hat die 64 Männer verführt, die du zu ihr geschickt hast. Lass sie rufen, o Herr, und frag sie selbst danach.«

Der König rief die 64 Männer zu sich, ließ sie fesseln und dann seine Frau rufen. Er fragte sie: »Hast du dich mit ihnen versündigt?«

»Ja, Herr!«, entgegnete sie ruhig.

Der König ließ auch sie fesseln und befahl seinen Dienern: »Schlagt jenen 64 Männern den Kopf ab!«

Der Bodhisatta aber ging schnell dazwischen und sagte eindringlich zum König: »Diese Männer tragen keine Schuld an dem, was geschehen ist. Sie haben lediglich dem Befehl der Königin gehorcht. Die Königin selbst trifft aber auch keine Schuld. Sie ist eine Frau, und Frauen sind in ihren Leidenschaften unersättlich. Das ist nun einmal ihr Naturell. Darum, o Herr, verzeih bitte auch ihr!«

Der König erwog die Worte seines Priesters und erkannte, dass er Recht hatte. Er ließ die Männer und die Königin frei und gab ihnen allen ihre jeweiligen Ämter zurück.

Der Bodhisatta beglückwünschte den König zu dieser großmütigen Tat und sprach:

Man fesselt Nichtzufesselnde
Dort, wo das Wort der Toren gilt;
Doch wo das Wort der Weisen gilt,
Werden auch die Gebundnen frei.

»Nun aber kann ich hier nicht länger bleiben. Erlaube mir, dass ich der Welt entsage, o König.«

Der König umarmte ihn und ließ ihn ziehen. Der Bodhisatta verschenkte sein ganzes Vermögen, verabschiedete sich von seinen Verwandten und wanderte in den Himalaya, wo er fortan als Asket lebte, bis er in den Brahma-Himmel einging.

* * *

Die kluge Königin

Einst wurde der Bodhisatta als Sohn eines Brahmanen wiedergeboren. Als er erwachsen war, erkannte er, welch eitles und sündiges Leben er führte. Er entsagte allem und ging in den Himalaya, um dort fortan als Asket zu leben. Hin und wieder aber verließ er den Wald, um sich mit Salz und anderem Nötigen zu versorgen. So kam er einmal nach Benares, wo er im Park des Königs übernachtete. Am nächsten Tag band er sich sein Gazellenfell um, ordnete seine langen Haarflechten und nahm seinen Korb, um in der Stadt um Almosen zu bitten. Als er am Tor des Palastes vorbeikam, sah ihn der König, und da ihm seine bescheidene Art gefiel, bat er ihn herein und bewirtete ihn mit den köstlichsten Speisen.

Als der Asket sich bedankte, lud ihn der König ein, in seinem Park zu wohnen. Dafür solle er ihn und seine Familie an seiner Weisheit teilhaben lassen. Der Bodhisatta nahm das Anerbieten an und lebte sechzehn Jahre lang in der Nähe des Königs in Frieden und Gelassenheit. Eines Tages nun musste der König an den Grenzen seines Reiches nach dem Rechten sehen, und er ermahnte seine erste Frau, während seiner Abwesenheit gut für den Weisen zu sorgen. Wie immer ging der Asket täglich zum Essen in den Palast, einmal allerdings verspätete er sich. Da legte sich Mudulakkhana, wie die Königin hieß, spärlich bekleidet auf ein Ruhelager, um auf ihn zu warten. Als sie ihn schließlich eintreten hörte, sprang sie so

rasch auf, dass die Kleider von ihr abfielen und sie nackt vor ihm stand, und er entbrannte vor Verlangen nach ihr. Ohne zu essen, verließ er eilig den Raum und zog sich in den Park zurück.

Ab diesem Augenblick aber war er nicht mehr zu Meditation und Ekstase fähig, er konnte nicht mehr essen und wurde vor Verlangen nach dieser Frau ganz mager und krank.

Als der König am siebten Tag von seiner Reise zurückkehrte und den Weisen in seiner Hütte besuchte, erschrak er über sein ausgezehrtes Aussehen und fragte ihn, was er denn habe. Der Asket erklärte ihm wahrheitsgemäß, was geschehen war, und der König erklärte selbstlos: »Gut, Ihr sollt Mudulakkhana haben. Ich gebe Sie Euch.«

Er ließ die Königin fürstlich kleiden und schmücken, und während er sie dem Asketen zuführte, flüsterte er ihr ins Ohr: »Bemüh dich, den Asketen durch seine eigene Kraft vor sich selbst zu schützen!« Sie nickte verstohlen und verließ mit dem Bodhisatta den Palast. Unterwegs sagte sie zu ihm: »Edler, wir brauchen doch aber ein Haus! Geht doch und bittet den König um eines.«

Der König willigte ein, verschwieg aber, dass es sich um ein als Toilette benutztes Haus handelte. Die Königin weigerte sich daraufhin es zu betreten, bevor der Asket es gereinigt hätte. Als dies erledigt war, bat sie darum, er möge Kuhmist holen, um die Wände damit auszukleiden und damit rein zu machen, denn die Kuh gilt als heiliges Tier. Anschließend bat sie um einen Stuhl, um ein Bett, eine Decke, um Wasser und sonst noch mancherlei. Schließlich aber war alles getan, und die beiden saßen gemeinsam auf dem Bett. Da fasste ihn die Königin bei seinem Bart und drehte sein Gesicht zu sich hin. »Weißt du nicht mehr«, so sprach sie ernst, »dass du ein weiser Mann, ein Asket, bist?« In diesem Augenblick war das Verlangen des Bodhisatta nach der Frau des Königs wie ausgelöscht, und er war wieder sehend und wissend wie zuvor. Um sich aber der Versuchung nicht wieder auszusetzen, ging er mit Mudulakkhana augenblicklich zum König und sagte beschämt: »Hier hast du deine Gemahlin zurück. Ich werde wieder in die Berge ziehen.« In diesem Augenblick erhielt er seine früheren Fähigkeiten zurück, er erhob sich in die Luft, erteilte von hier aus dem König eine letzte Belehrung und verschwand.

Klugheit

Der weltliche Wert der Klugheit ist offensichtlich: Sie ermöglicht es uns, die Mittel zu erkennen, die uns am besten zu einem bestimmten Ziel führen; sie ist damit eine wichtige Bedingung der Möglichkeit, ein gutes, im weitesten Sinne erfolgreiches Leben zu führen. Der Dummkopf dagegen wählt falsche Mittel und erreicht dadurch oft gerade das Gegenteil dessen, was er angestrebt hatte.

Dies gilt auch im spirituellen Kontext. So sagte der Buddha: »Ebenso wie der Löffel den Geschmack der Suppe nicht kosten kann, ebenso wenig vermag es der Dummkopf, die Lehren des Weisen zu begreifen und zu würdigen.« Nur die Zunge schmeckt die Suppe; nur der Kluge versteht den Weg, der zur Aufhebung des Leidens führt.

Der schlagfertige Somadatta

Einem Brahmanen, der mit zwei Ochsen seine Felder zu bestellen pflegte, starb eines Tages eines der beiden Tiere. Nun konnte er nicht mehr pflügen, und er forderte seinen Sohn Somadatta auf, beim König vorstellig zu werden und ihn um einen neuen Ochsen zu bitten. Somadatta, der niemand anderer als der Bodhisatta in einer neuen Existenz war, schüttelte jedoch den Kopf und erklärte seinem Vater, er sei erst kürzlich wegen einer anderen Sache beim König gewesen und könne nun nicht schon wieder eine Bitte äußern. Deshalb möge er selbst hingehen.

Der Vater fing an zu klagen: »Aber Sohn, ich werde in Gegenwart des Königs kein einziges vernünftiges Wort herausbringen, und anschließend, du wirst sehen, habe ich ihm auch noch den anderen Ochsen geschenkt, anstatt um einen zweiten zu bitten.«

»Mach dir darum keine Gedanken«, sagte der Sohn, »wir werden vorher zusammen einüben, was du sagen sollst. Dann kann nichts schief gehen! Außerdem werde ich dich ja begleiten.«

»Also schön«, entgegnete der Vater seufzend. Der Bodhisatta ging mit ihm zu einer mit Gras bewachsenen Verbrennungsstätte, band mehrere Grasbüschel zusammen und erklärte seinem Vater: »Das hier ist der König«, und er wies auf ein Büschel, »das da der erste Minister«, er zeigte auf ein anderes, »das der Heerführer«, und so weiter. Er sagte ihm auch, wie er den König anreden müsse, und lehrte ihn schließlich die Strophe:

Zwei Ochsen hatt ich, großer König,
Mit denen ich das Feld bestellte.
Von diesen starb mir einer, Herr,
So bitt ich, Fürst, um einen neuen.

Nach einer Weile hatte der alte Vater diesen Spruch auswendig gelernt und konnte sich also auf den Weg zum König machen. Er nahm ein Geschenk mit, und sein Sohn begleitete ihn, wie er es versprochen hatte. Der alte Mann begrüßte den König, und dieser fragte, was er denn wünsche.

Da sagte der alte Mann den gelernten Spruch auf, nur veränderte er die letzten Verse wie folgt:

Zwei Ochsen hatt ich, großer König,
Mit denen ich das Feld bestellte.
Von diesen starb mir einer, Herr,
So geb ich, Fürst, dir nun den zweiten.

Der König lächelte über diese Worte und wandte sich an den Sohn: »Ihr scheint ja ziemlich viele Ochsen zu besitzen, wie?«

»Wenn ja, dann wirst du sie uns geschenkt haben«, entgegnete schlagfertig Somadatta.

Da lachte der König und schenkte ihm seiner Klugheit wegen sechzehn Ochsen mitsamt Zaumzeug und obendrein das Dorf, in dem er mit seinen Eltern wohnte. Anschließend schickte er die beiden mit großem Gefolge nach Hause.

Auf dem Rückweg sagte der Sohn zum Vater: »Hör mal, ich habe diesen einen Spruch mit dir so lange geübt. Im entscheidenden Augenblick hast du aber dennoch das Falsche gesagt.«

Da sah der Vater seinen Sohn an und entgegnete freundlich:

Der Bittende, mein Somadatta,
Kann eines nur von zwein erreichen:
Nichts, oder aber was er wollte –
Und dann hat er's wohl recht gemacht!

* * *

Die Beschützer

In zwei schönen, großen, alten Waldbäumen wohnten einst zwei Baumgottheiten. Die eine von ihnen war der Bodhisatta. Im selben Wald lebten auch ein Löwe und ein Tiger. Da die Menschen der umliegenden Dörfer das wussten, wagten sie es nicht, sich dort anzusiedeln oder auch nur dorthin zu gehen, um Beeren oder Reisig zu sammeln und Bäume zu fällen. So blieben Tiere und Pflanzen ungestört. Allerdings ließen die beiden Raubtiere die Reste ihrer blutigen Mahlzeiten, wie es ihre Art war, einfach so herumliegen, und bald stank es im ganzen Wald nach Aas.

Dies ärgerte die eine Baumgottheit zunehmend, und eines Tages sagte sie zum Bodhisatta: »Lieber Freund, es ist an der Zeit, den Löwen und den Tiger von hier zu verjagen. Sie sind schuld, dass es hier derart nach verdorbenem Fleisch riecht!«

Der Bodhisatta wiegte bedenklich den Kopf und entgegnete: »Vergiss nicht, Freund, dass sie es sind, die uns beschützen. Wenn sie nicht wären, würden die Menschen hierher kommen und unsere Wohnungen zerstören. Denn wenn sie die Spuren von Löwe und Tiger nicht mehr sehen, werden sie sich hier ansiedeln, roden und zuletzt den ganzen Wald vernichten.«

> Wenn er durch eines Freundes Nähe
> Größere Sicherheit genießt,
> So nimmt der Weise dieses Freundes
> Unarten, wenn's sein muss, gern in Kauf.

Obwohl der Bodhisatta versuchte, die Baumgottheit mit diesen Worten zu belehren, hörte sie nicht auf ihn. Als sie sich vor Zorn nicht mehr beherrschen konnte, nahm sie eine furchterregende Gestalt an und verjagte auf diese Weise den Tiger und den Löwen aus dem Wald. Sobald die Menschen keine Raubtierspuren mehr in der Nähe des Waldes bemerkten, wagten sie sich nach und nach immer weiter vor und eroberten schließlich das Gebiet ganz. Sie fällten die eine Hälfte des Waldes und machten Ackerland daraus.

Da ging die Baumgottheit reuevoll zum Bodhisatta und sagte: »Lieber, ich hatte Unrecht, nicht auf dich zu hören. Die Menschen kommen und setzen sich hier fest und fällen die Bäume. Was kann ich tun?«

Der Bodhisatta erklärte der Gottheit, wo der Tiger und der Löwe inzwischen wohnten, und sagte: »Geh hin und versuch sie zurückzuholen!«

Die Gottheit machte sich sofort auf, fand die beiden und bat sie ehrfurchtsvoll, doch zu ihnen in den Wald zurückzukehren. Die Raubtiere aber waren sehr zufrieden mit ihrem neuen Wohnort und schlugen die Einladung aus. Da musste die Gottheit unverrichteter Dinge heimgehen und zusehen, wie der ganze Wald in kurzer Zeit in Felder umgewandelt wurde. Danach aber war kein Bleiben mehr, die Baumgottheit musste sich, ebenso wie der weise Bodhisatta, der sie gewarnt hatte, eine neue Wohnstatt suchen.

* * *

Der Pflugbaum

Der Bodhisatta wurde einst als Sohn eines Brahmanen wiedergeboren. Er wurde Lehrer und unterrichtete 500 junge Brahmanen in den Wissenschaften. Einer seiner Schüler war faul und nicht besonders aufgeweckt. Er behielt nichts, was man ihm sagte, und lernte sehr schlecht. Als Diener des Bodhisatta verrichtete er aber bereitwillig jede Art von niedriger Arbeit. Eines Abends nun, als der Schüler ihn gewaschen hatte und der Bodhisatta schon im Bett lag, sagte er zu dem Jungen: »Mein Lieber, stütz bitte das Bett so ab, dass es nicht wackelt, dann kannst du gehen.« Da der Schüler nichts fand, womit er den Bettpfosten stützen konnte, stellte er ihn auf sein Bein und verbrachte so die Nacht.

Als der Bodhisatta am anderen Morgen aufwachte und seinen Schüler auf dem Fußboden sitzen sah, fragte er ihn, was das sollte, und als er den Grund erfuhr, dachte er bei sich: »Diese Ergebenheit! Aber warum muss er dabei so träge im Denken sein? Wie kann ich ihn bloß ändern?«

Da fiel ihm eine Methode ein, mit der er es vielleicht schaffen könnte. »Wenn er fortgeht, um Wasser oder Holz zu holen«, dachte er bei sich, »werde ich ihn anschließend fragen, was er unterwegs alles gesehen hat. Und er muss mit einem Vergleich antworten. Wenn er dauernd neue Vergleiche suchen muss, wird er es eines Tages doch zur Klugheit bringen!«

Gesagt, getan. Der Bodhisatta schickte den Diener in den Wald Holz holen und hieß ihn, auf alles gut aufzupassen, was er unterwegs sehen, essen oder trinken würde, damit er es ihm anschließend mit einem Vergleich beschreiben könnte.

»Gut«, sagte der Schüler und machte sich auf den Weg. Als er zurückkam, erklärte er stolz, er habe eine Schlange gesehen.

»Wie sah die Schlange denn aus?«, fragte der Bodhisatta.

»Wie ein Pflugbaum!«, entgegnete der Junge.

»Nun, das war ein hübscher Vergleich, mein Guter, denn Schlangen ähneln in der Tat einem Pflugbaum«, sagte der Bodhisatta befriedigt.

Am nächsten Tag begegnete der Junge im Wald einem Elefanten. Als er heimkam, fragte ihn der Bodhisatta, mit was er das Tier denn vergleichen würde. »Mit einem Pflugbaum!«, sagte der Diener prompt.

»Schön«, dachte der Bodhisatta, »er hat ja in gewissem Sinne Recht. Der Rüssel eines Elefanten, und auch seine Stoßzähne, ähneln einem Pflugbaum.« Und er sagte nichts.

Als der Junge nun von jemandem Zuckerrohr geschenkt bekommen hatte, erzählte er seinem Lehrer abends: »Meister, heute haben wir Zuckerrohr gekaut!«

»An was hat dich das Zuckerrohr denn erinnert?«, fragte der Bodhisatta.

»An einen Pflugbaum«, kam es prompt.

»Na, das passt nicht besonders gut!«, dachte der Lehrer, sagte aber wieder nichts.

An wieder einem anderen Tag bekam der Junge Milch und Molke zu trinken angeboten und erzählte dieses Ereignis am Abend seinem Meister.

»Woran erinnerten dich Milch und Molken?«, fragte der Bodhisatta.

»An einen Pflugbaum«, antwortete der Junge unverdrossen.

Da sagte der Lehrer zu sich: »Als er die Schlange mit einem Pflugbaum verglich, hatte er Recht. Auch als er den Elefanten mit diesem Gegenstand in Verbindung brachte, konnte ich ihm das des Rüssels und der Stoßzähne wegen durchgehen lassen. Dass allerdings Zuckerrohr einem Pflugbaum gleichen soll, ist nicht recht einzusehen, und Milch und Molke haben schlicht die Form des Gefäßes, in das man sie gießt. Es ist völlig unmöglich, diesen Toren in irgendeiner Weise zu belehren!«

Der Buddha schloss diese Geschichte mit der Strophe ab:

Ein Wort, das nur bedingt verwendbar,
Das setzt der Tor ganz wahllos ein.
Er kannte weder Pflug noch Molke,
Denn Molke hielt er für des Pfluges Baum.

* * *

Der Affe als Gärtner

In Benares fand einmal ein großes Fest statt, das von allen Einwohnern mit Begeisterung begangen wurde. Zu dieser Zeit lebten im Park des Königs viele Affen. Der Parkwächter, der auch gern das Fest besucht hätte, wusste nicht, wer in der Zwischenzeit die jungen Bäumchen gießen sollte, da fielen ihm die Affen ein. Er ging also zum Oberhaupt der Affen und sagte: »Du Lieber, dieser Park hier ist für euch von großem Nutzen, denn ihr lebt in Saus und Braus von den Früchten der Bäume und den jungen Sprossen. Nun wird aber in Benares das große Fest gefeiert und ich würde gern in die Stadt gehen. Würdet ihr also so gut sein, bis dahin die jungen Bäumchen zu gießen?«

»Ja, natürlich«, sagte der Affe bereitwillig. Der Parkwächter bedankte sich und stellte den Affen, bevor er ging, Lederschläuche und Gießkannen hin. Sobald er fort war, fingen die Affen weisungsgemäß an, die Bäumchen zu gießen. Da aber sagte der Affenälteste: »He, ihr da! Auf diese Weise verbraucht ihr viel zu viel Wasser. Es ist viel sparsamer, wenn ihr die jungen Bäumchen erst einmal ausreißt und ihre Wurzeln betrachtet. Sind sie lang und reichen sie tief hinab, gießt viel Wasser darauf. Sind sie nur klein, könnt ihr weniger Wasser auf sie verwenden. Auf diese Weise wird das Wasser reichen.«

Die Affen hörten ehrfürchtig zu und taten, wie er befohlen hatte. Ein weiser Mann aber, der Bodhisatta, sah von Ferne dem Treiben der Affen zu und sagte kopfschüttelnd:

Wenn einer zu nichts Gutem taugt,
Bringt ihm auch Gutestun kein Glück;
Das Nützliche zerstört der Tor,
Grad wie die Affenschar im Park.

* * *

Die tote Maus

In einer seiner Existenzen wurde der Bodhisatta in der Familie eines Kaufmanns wiedergeboren und erhielt den Namen Chullaka. Er war klug und gebildet, und als er im reifen Mannesalter war, konnte er durch seinen Scharfsinn und seine Erfahrung alle Omina und Vorzeichen deuten. So sah er eines schönen Tages auf der Straße eine tote Maus liegen. Er überlegte, was dies bedeuten könne, und sagte dann zu sich selbst: »Wenn ein kluger Sohn aus gutem Haus diese Maus aufhebt, so kann er eine wohlgeratene Frau bekommen und einträgliche Geschäfte machen.«

Da er diese Worte laut aussprach, hörte sie ein zufällig vorbeigehender junger Mann, der einer verarmten Familie entstammte und sich sagte: »Der Kaufmann hat wohl nicht ohne Grund so gesprochen. Ich stamme aus einer guten Familie; was kann es mir also schaden, es mit der Maus zu versuchen?«

Er hob die Maus auf, ging mit ihr zu einem Wirtshaus und bot sie dem Wirt für seine Katze an. Dafür bekam er eine Kupfermünze. Für dieses Geld kaufte er sich Zucker, dann holte er von zu Hause einen Krug Wasser, wartete, bis die durstigen Kranzflechter aus dem

Wald kamen, und bot jedem von ihnen ein wenig Zuckerwasser an. Dafür schenkten sie ihm jeder eine Hand voll Blumen. Nun konnte er noch mehr Zucker kaufen und ging am nächsten Morgen mit seinem Zuckerwasser zum Park, wo die Kranzflechter arbeiteten. Dieses Mal schenkten sie ihm Sträucher, an denen noch Blumen blühten. Die verkaufte er wieder und erhielt dafür acht Kupfermünzen, und damit kaufte er noch mehr Zucker.

Da traf es sich, dass sich im Garten des Königs viel Fallholz und altes Laub angesammelt hatte, das fortgeschafft werden musste. Zufällig kam der junge Mann des Weges und bot dem Aufseher an, es wegzuräumen, wenn er es behalten dürfe. Als er dessen Erlaubnis erhalten hatte, beauftragte er einige Buben, denen er Zuckerwasser versprach, alles vor das Tor zu schaffen, und als dort der Töpfer des Königs vorbeikam, der Holz und Reisig benötigte, verkaufte der geschäftstüchtige Kaufmann es ihm für 16 Kupfermünzen und bekam obendrein noch einige Töpfe geschenkt. Als Nächstes schloss er ein Abkommen mit 500 Mähern, denen er umsonst zu trinken gegeben hatte. Er bat jeden um ein Büschel Gras und darum, am nächsten Tag kein Gras zu verkaufen, bis er seines losgeworden wäre. Er wusste nämlich, dass am nächsten Morgen ein Pferdehändler mit vielen Tieren in die Stadt kommen würde. Als dieser in der ganzen Stadt kein Heu für seine Pferde auftreiben konnte, musste er das Gras des jungen Mannes kaufen und dafür 1000 Münzen bezahlen. Auf diese Weise trieb er es weiter, bis er es zu 200.000 Kupfermünzen gebracht hatte.

»Jetzt ist es genug«, sagte er bei sich und machte sich mit der Hälfte davon auf zum Kaufmann Chullaka.

Nachdem sie sich begrüßt hatten, überreichte der junge Mann dem verwunderten Chullaka das Geld. »Woher stammt dieses Geld, und warum gibst du es mir?«, fragte er ihn.

»Erinnerst du dich nicht mehr an die tote Maus? Ich habe nur das getan, was du gesagt hast. Dadurch bin ich innerhalb von vier Monaten reich geworden.« Und er erzählte dem Chullaka seine Erlebnisse.

Außerordentlich angetan von dem geschäftstüchtigen jungen Mann, dachte Chullaka bei sich, er sei genau so, wie er sich einen Schwiegersohn wünsche. Er gab ihm seine Tochter zur Frau, und als er alt wurde, übergab er ihm sein Geschäft.

Als der Buddha diese Geschichte den Mönchen erzählt hatte, fügte er abschließend hinzu:

Selbst mit geringsten Mitteln kann
Der Kluge, der Verständige,
Die höchsten Höhen erreichen, so
Wie das Feuer nährt der leise Hauch.

* * *

Der Sohn, der Ehemann und der Bruder

Einst hatten Räuber im Wald unschuldige Menschen überfallen und beraubt. Als die Obrigkeit nach ihnen suchte, fielen ihr drei Männer in die Hände, die man für die Räuber hielt, gefangen nahm und trotz ihrer Proteste vor den König brachte, der aber niemand anders als der Bodhisatta war. Während der Herrscher noch überlegte, auf welche Weise er sie töten lassen sollte, bemerkte er eine Frau, die vor seinem Palast auf und ab ging und immerzu sagte: »Bitte, kleidet mich!« Der König wunderte sich, und nach einer Weile befahl er einem Diener, ihr etwas zum Anziehen zu bringen.

Die Frau sagte jedoch: »So eine Bekleidung brauche ich nicht, sondern die durch einen Gatten!«

Der Diener überbrachte diese Worte dem König, der daraufhin die Frau zu sich rufen ließ und fragte, was sie damit gemeint habe. Sie antwortete:

Nackt ist der Fluss, in dem kein Wasser,
Nackt ist ein Land, das ohne Fürst;
Nackt ist die Frau, wenn sie verwitwet,
Auch wenn zehn Brüder sie besäße.

»Die drei Männer, die du gefangen hältst, o Herr, sind mein Mann, mein Bruder und mein Sohn! Ohne meinen Mann aber bin ich gleichsam nackt.«

Der König, der den Mut und die Klugheit der Frau bewunderte, sagte: »Einer der drei soll straflos mit dir ziehen dürfen. Welchen willst du haben?«

»Kann ich nicht alle drei bekommen?«, fragte die Frau. »Sie haben ja nichts getan!«

»Nein, du musst wählen!«

»Gut, dann lass bitte meinen Bruder frei!«

»Deinen Bruder?«, fragte der König erstaunt. »Was willst du denn mit ihm? Warum nicht deinen Gatten oder deinen Sohn?«

»Sieh, Fürst, ich bin noch jung genug, um mich wieder zu verheiraten, und jung genug, um noch ein Kind zu gebären. Meine Eltern aber sind beide tot, einen Bruder kann ich nicht mehr bekommen.«

Im Schoß hab ich, o Herr, den Sohn,
Den Mann find ich an jeder Straßenecke;
Doch sage mir, wo ist das Land,
Wo ich den neuen Bruder finden könnte?

Da gab ihr der König lächelnd ihren Bruder, ihren Sohn und ihren Mann zurück.

Nichtverletzen

Einerseits können wir die Tugend des Nichtverletzens, *ahimsâ*, als die natürliche Folge des Mitleids ansehen: Je stärker in uns die Fähigkeit ausgeprägt ist, mit anderen Wesen mitzuleiden, desto mehr werden wir uns bemühen, Handlungen zu unterlassen, die ihnen körperliche oder seelische Schmerzen bereiten oder gar ihr Leben zerstören würden. Für diejenigen unter uns aber, die zwar mit ihrem Nächsten, aber nicht mit ihren Feinden, mit Menschen, aber nicht mit Tieren, mit bestimmten Tieren, aber nicht mit Ratten, Mücken, Kakerlaken oder Krokodilen mitfühlen können – für sie ist Nichtverletzen ein wichtiges Gebot, ja das wichtigste überhaupt: Denn gleichgültig, ob wir es aus Überzeugung oder lediglich aufgrund eines Entschlusses befolgen, vermindern wir dadurch unser negatives Karma – unsere Sündenlast – und zugleich das Leiden in der Welt.

Die Geschichte von den acht Lauten

Einst wurde der König von Benares um Mitternacht durch acht unterschiedliche Laute geweckt: den Schrei eines Kranichs im Park; das Krächzen einer Krähe, die auf dem Torbogen des Elefantenstalles saß; das Quietschen eines Wurmes, der auf der Dachspitze des Palastes herumkroch; den Ruf eines Kuckucks, der im Palast gefangen gehalten wurde; die Schreie einer Gazelle und eines Affen, die ebenfalls eingesperrt waren; die Klage eines Dämons, der in einer Kerkerzelle saß, und den Juchzer eines Bodhisatta, der auf dem Weg in den Park war. Als diese Töne verhallt waren, packte den König große Angst, denn er dachte, dass sie vielleicht ein ungutes Vorzeichen für ihn selbst seien.

Am nächsten Morgen ließ er seine Berater kommen, schilderte ihnen, was vorgefallen war, und fragte sie, ob diese Geräusche vielleicht als schlechtes Omen zu deuten seien. Sie wiegten die Köpfe und sagten bedenklich, es sei besser, ein großes Opfer zu bringen, für das alle Arten von Wesen getötet werden sollten, um Unheil von ihm abzuwenden und die Götter zufrieden zu stellen. Der König gab ihnen hierzu die Erlaubnis, und sie gingen, um alles Notwendige anzuordnen.

Während die Brahmanen das Opfer vorbereiteten, versuchte ein Schüler, seinen Lehrer von diesem Vorhaben abzubringen: »Herr«, sagte er, »begeh doch um deines Bauches willen keine Tat, die zur Wiedergeburt in der Hölle führt!« Der Brahmane aber wies den Einwand unwillig zurück und kümmerte sich nicht um das, was sein Schüler noch vorbrachte. Als die anderen Brahmanen hörten, worum es ging, wurden sie so böse auf ihn, dass er es vorzog, fortzulaufen. Da ihm allerdings sehr viel daran lag, das Leben all der unschuldigen Wesen zu retten, suchte er im Park nach einem Asketen, der ihm vielleicht helfen könnte, den König von seinem Vorsatz abzubringen.

Da stieß er auf den Bodhisatta, der in dieser Existenz der Welt entsagt hatte. Er erwies ihm seine Verehrung, erzählte ihm von dem Plan des Königs und bat ihn eindringlich, doch zu versuchen, die Sache abzuwenden.

»O du junger Brahmane«, sagte der Asket, »wie soll ich das fertigbringen? Der König kennt mich ja überhaupt nicht.«

»Aber weißt du denn, um was für Laute es sich in der Nacht gehandelt hat?«

»Ja, das weiß ich«, entgegnete der Bodhisatta ruhig.

»So bitte, sag es ihm doch, es wird ihn beruhigen!«

»Höre«, sagte da der Bodhisatta, »wie könnte es meine Würde zulassen, dass ich zu ihm gehe? Wenn er aber zu mir kommt, um mich nach den Tönen zu fragen, werde ich sie ihm erklären.«

Da lief der junge Brahmane rasch zum König und rief: »O Großkönig, im Park lebt ein weiser Asket. Er kann dir die Laute, die du in der Nacht gehört hast, deuten, wenn du zu ihm gehst.«

Da begab sich der König eilig zu dem Bodhisatta, grüßte ihn ehrerbietig und sagte: »Ist es wahr, Herr, dass du die Bedeutung der Schreie kennst, die ich vernommen habe? Bitte erklär sie mir.«

»O Fürst«, erwiderte der Asket, »du brauchst keine Angst zu haben. Keines der Geräusche, die du vernahmst, bringt dir Unglück. In deinem Park lebt ein Kranich, und als er kein Futter fand, schrie er vor Hunger. Früher war dort, wo er lebt, nämlich ein tiefer Teich, der voller Fische war. Inzwischen aber ist er ausgetrocknet, und der Kranich leidet Hunger. Deshalb schrie er. Wenn du ihm helfen willst, lass den Teich von Schlamm befreien und wieder mit Wasser füllen.«

Als der König das hörte, gab er sofort den Auftrag, zu tun, was der Bodhisatta ihm geraten hatte.

»Das zweite Geräusch«, fuhr der Asket dann fort, »stammte von der Krähe, die über dem Torbogen des Elefantenstalles nistet. Sie zieht dort in Frieden ihre Jungen groß. Dein Elefantenwärter aber sticht jedesmal, wenn er unter dem Torbogen durchreitet, mit dem Elefantenhaken nach dem Nest. Deshalb schreit die Krähe aus Angst um ihre Jungen. Wenn du etwas Gutes tun willst, verbiete dem Wärter, die Krähe zu stören.«

Der König ließ augenblicklich den Elefantenwärter rufen. Er ermahnte ihn streng, versetzte ihn auf einen anderen Posten und gab die Stelle jemand anderem.

Sobald das geregelt war, sprach der Bodhisatta weiter: »Der dritte Laut, den du gehört hast, stammte von einem dicken Holzwurm, der oben im Gebälk deines Palastes das weiche Feigenbaumholz frisst. Nun ist dieses Holz aufgezehrt und das andere ist ihm zu hart. Da er aber von dort nicht fortkann, hat er laut gejammert.«

Da schickte der König einen Mann, der hinaufklettern, den Holzwurm suchen und von dort fortbringen sollte.

Jetzt sagte der Asket: »Fürst, hast du im Palast einen zahmen Kuckuck?«

»Ja, Herr«, entgegnete der König verwundert.

»Nun«, sagte der Bodhisatta, »dieser Vogel hat sich an den Wald erinnert, in dem er früher lebte. Er hat große Sehnsucht nach der Freiheit und fragt sich immer wieder, wann er endlich den Käfig verlassen und zurückkehren darf. Darum hat er geschrien.«

Sofort befahl der König seinen Leuten, dem Vogel die Freiheit wiederzugeben.

»Hast du auch eine zahme Gazelle und einen zahmen Affen?«, fragte der Bodhisatta weiter, und als der König nickte, bat er ihn, auch diese freizulassen, und der König gab dazu den Auftrag.

Der siebte Laut, so erklärte der Bodhisatta dem König weiter, stammte von einem Dämon, der in der Nähe des Palastes vom König gefangen gehalten wurde und der sich an liebe Worte seiner Frau erinnert hatte, nach der er sich nun so sehr sehnte, dass er den klagenden Ruf ausgestoßen hatte. Der König ließ ihn ebenfalls befreien und seines Weges ziehen.

»Das letzte Geräusch jener Nacht, o König«, sagte dann der Bodhisatta, »stammt von einem Pacchekabuddha, der in dieser Nacht in deinen Park kam, um dort ins Nirvana einzugehen. Nachdem er voller Entzücken den Juchzer, den du gehört hast, ausgestoßen hatte, erlangte er unter einem Baum das endgültige Nirvana. Du solltest ihm die letze Ehre erweisen.«

Sogleich begab sich der König an den Ort, wo der Tote lag, und erwies ihm mit Räucherwerk und Blumengirlanden die Ehre, die ihm gebührte. Dann sagte er, vom Asketen ermahnt, die Vorbereitungen zu dem großen Opfer ab und ließ stattdessen ein großes siebentägiges Freudenfest feiern. Er bedankte sich bei dem Bodhisatta, erwies auch ihm alle Ehren, die einem weisen Mann gebühren, und ließ ihn dann zurück in den Himalaya ziehen.

Bevor der Asket sich auf den Weg machte, sagte er zum König: »Siehst du, durch dein Mitgefühl hast du das Leben so vieler Lebewesen gerettet und anderen geholfen, die in Not waren.«

Der König tat fortan nur noch Gutes und ging schließlich in den Brahma-Himmel ein.

Als vor langer Zeit in Saketa der König Kosala regierte, wurde der Bodhisatta als männliche Gazelle wiedergeboren. Als er erwachsen geworden war, ernährte Nandiyamiga, so hieß er, seine alten Eltern. Zu dieser Zeit war der König auf Gazellenfleisch geradezu versessen, und er hatte nichts anderes im Sinn, als mit großem Gefolge auf die Jagd nach diesem Wild zu gehen. Da seine Untertanen deshalb ihre eigenen Arbeiten, Haus und Hof vernachlässigen mussten, überlegten sie, was zu tun sei.

Schließlich verfielen sie auf die Idee, einen großen Wald mit einem Zaun zu umgeben, dann in langen Reihen mit Stöcken die Gazellen der Region in dieses umzäunte Gelände zu treiben und das Tor zu verschließen. Auf diese Weise würde der König sie nicht mehr bei der Jagd benötigen, und sie könnten wieder ihre Felder bestellen.

Sie taten, wie sie es überlegt hatten, und bald war der Zaun fertig. Nun umstellten sie ein großes Gebiet und fingen an, mit ihren Stöcken auf die Büsche zu klopfen, um die Gazellen aufzuscheuchen. Der Bodhisatta, der mit seinen Eltern in einem dieser Gebüsche versteckt lag, dachte bei sich: »Ich muss mich heute opfern, um meinen Eltern das Leben zu retten.« Und er sagte zu ihnen: »Wenn nachher Leute auf unser Gebüsch hier mit den Stöcken schlagen, bleibt ihr an den Boden gedrückt liegen, und ich springe heraus. So werden sie denken, dass hier nur eine Gazelle war, und weitergehen.«

Die List des Bodhisatta funktionierte, und er wurde mit den anderen Gazellen in das umzäunte Gelände gescheucht. Daraufhin schlossen die Männer das Tor und meldeten dem König, er könne nun jeden Tag eines der Tiere erlegen.

Die Gazellen, die davon erfuhren, kamen überein, dass sie täglich losen wollten, welche von ihnen sich als Nächste opfern sollte. Die von dem Los verschont blieben, konnten sich nach Herzenslust satt essen und trinken, denn in dem Park wurde gut für sie gesorgt.

So verging einige Zeit, da hatten die betagten Eltern des Bodhisatta großes Verlangen, vor ihrem Tod ihren Sohn noch einmal zu sehen. Sie sagten sich: »Nandiyamiga ist so stark, dass er sicher mühelos den Zaun überspringen könnte, wenn er wüsste, dass seine Eltern ihn unbedingt bei sich haben wollen.« Sie warteten also an einem Weg, bis ein vertrauenswürdiger Mann vorbeikam, und baten ihn, ihrem Sohn auszurichten, dass er sie besuchen möchte. Sie seien alt und wüssten nicht, wie lange sie noch leben würden.

Der Bodhisatta seufzte, als er die Botschaft vernahm, und schüttelte den Kopf: »Ich möchte meine Eltern sehr gern sehen und ihnen ihren Wunsch erfüllen, o Herr!«, sagte er. »Und der Zaun wäre kein Hindernis für mich. Aber ich esse täglich die Nahrung, die mir der König schenkt. Ich stehe also in seiner Schuld. Außerdem wäre es nicht richtig, die anderen Gazellen hier ihrem Schicksal zu überlassen und selbst mein Leben zu retten. Ich muss bleiben, bis ich an die Reihe komme, mich zu opfern. Wird aber alles gut, werde ich die Eltern besuchen. Seid so freundlich, ihnen das auszurichten und sie von mir zu grüßen.«

Damit verabschiedete er sich von dem Boten und bedankte sich bei ihm.

Bald traf das Los Nandiyamiga, und er machte sich auf, um sich dem König so in den Weg zu stellen, dass dessen Pfeil ihn treffen musste. Während also alle anderen Gazellen davonliefen, bot der Bodhisatta dem König seine Flanke an. Als der König, den Bogen gespannt, versuchte, das Tier zu erschießen, blieb der Pfeil wie festgewachsen am Bogen hängen.

»Warum schießt du nicht?«, rief da Nandiyamiga ihm zu.

»Ich versuche es ja, aber ich kann es nicht!«, sagte der König und warf den Bogen fort. »Dieser Bogen hier, obgleich aus totem Holz gemacht, ist tugendhafter als ich, der ich doch ein vernunftbegabtes Wesen bin. Verzeih mir bitte! Ich werde dein Leben schonen.«

»O Großkönig«, sagte da der Bodhisatta, »mich lässt du am Leben. Was aber ist mit meinen Gefährten hier in diesem Park?«

»Auch sie sollen leben, ich werde ihnen nichts mehr tun!«

Da war der Bodhisatta überglücklich, und er ermahnte den König nun, wo er diese Großmut bewiesen habe, sich auch in den anderen wesentlichen Tugenden zu üben:

Mildtätigkeit, Tugend, Opferfreude,
Geradheit, Milde, Selbstbezähmung,
Versöhnlichkeit und Menschlichkeit,
Geduldigsein und Freundlichkeit:

Dies sind die wahren Tugenden,
Die ich in mir verkörpert sehe.
Daher bin ich voll Freude stets
Und ganz erfüllt von Fröhlichkeit.

Nachdem er so den König belehrt und auf den rechten Weg gebracht hatte, verließ Nandiyamiga den Park und begab sich zurück zu seinen Eltern.

Opferbereitschaft

Die Bereitschaft, Unannehmlichkeiten im weitesten Sinne des Wortes auf sich zu nehmen, um jemandem zu helfen, jemandes Los zu lindern, ist das, was bloßes passives Mitleid zur buddhistischen Urtugend des Erbarmens macht. Eine solche Unannehmlichkeit kann in einer Geld- oder Sachspende bestehen, sie kann ein Opfer an Zeit und Energie sein, etwa wenn wir uns in einer karitativen oder sonstigen gemeinnützigen Organisation betätigen, oder sie kann auch andere, extremere Formen der Selbstaufopferung annehmen. Die Schwere des Opfers, das wir einem oder mehreren anderen Wesen zuliebe auf uns zu nehmen bereit sind, ist das Maß unseres Erbarmens – und des positiven Karmas, das wir dadurch erwerben.

Die Papageien und das Reisfeld

Ein wohlhabender Brahmane kaufte einstmals ein großes Stück Land, ließ es einzäunen und Reis darauf säen. Neben dem Feld ließ er eine Hütte errichten, in der ein Mann, als der Reis reif wurde, Wache hielt.

Ganz in der Nähe dieses Feldes nun war ein Wald voller Seidenbäume, in dem viele hundert Papageien wohnten. Der Sohn ihres Königs aber war niemand anderer als der Bodhisatta. Nachdem er zu einem schönen und starken Vogel herangewachsen war, mit einem Körper so dick wie die Nabe an einem Wagenrad, übertrug sein betagter Vater ihm die Herrschaft über die Papageien.

Von diesem Tag an suchte der Sohn nicht nur für sich selbst, sondern auch für seine Eltern Futter, das er ihnen im Schnabel nach Hause brachte. Jeden Morgen pflegten die Papageien auszuschwärmen, um sich nach wildem Reis und anderen Körnern umzuschauen und ausgiebig zu fressen. Abends kehrten sie in ihren Wald zurück. So lebten sie zufrieden und einträchtig miteinander.

Als der Reis in der Gegend anfing zu reifen, erinnerten sie sich daran, dass es ganz in der Nähe ein großes Feld gab, auf dem stets herrlicher Reis wuchs, und sie schickten Kundschafter aus. Die Boten brachten einige wunderbar dicke Reisköpfchen mit zurück, und so flog anderntags der ganze Schwarm zu dem Feld, um sich gründlich satt zu essen. Der Wächter versuchte zwar mit allen Mitteln, die Vögel zu verscheuchen, aber es gelang ihm nicht – und so ging es nun Tag für Tag, bis der Mann ganz verzweifelt dachte: »Noch ein paar Tage und es ist nichts mehr da. Der Brahmane wird mir die ganze Schuld dafür geben, ich muss es ihm unbedingt sagen.«

Er nahm also eine Hand voll Reiskörner, ging zu seinem Herrn, zeigte sie ihm und meldete, dass der Reis insgesamt so wohlgeraten sei wie diese Körner, aber dass eine Schar Papageien ihn nach und nach auffressen würde. Ein Papagei, der schönste von allen, so klagte der Wächter, würde sich nicht einmal damit begnügen, sich den Bauch vollzuschlagen, er würde außerdem auch noch etliche Reisköpfchen im Schnabel mitnehmen.

Der Brahmane hörte sich diese Klage ruhig an, und als er sich den besonders starken und prächtigen Vogel beschreiben ließ, überkam ihn große Lust, diesen einen Papagei zu besitzen, und er beauftragte seinen Wächter, eine Schlinge auszulegen und ihn zu fangen.

Der Wächter merkte sich in den folgenden Tagen, wo der Vogel in der Regel zu fressen pflegte, und legte dann an dieser Stelle seine Schlinge aus. Als am anderen Morgen die Papageien angeflogen kamen, suchte sich der Bodhisatta, der nicht gierig war, keinen neuen Platz im Feld aus, sondern begnügte sich damit, dort, wo er tags zuvor gefressen hatte, auch an diesem Tag sein Futter zu suchen – und so geriet er in die Schlinge. Er wollte schon mit einem lauten

Schrei die anderen warnen, da dachte er bei sich, es sei besser, noch zu warten, bis sich alle satt gefressen hätten. Denn einmal erschreckt, das war ihm klar, würden sie alle mit leerem Bauch davonfliegen. Sobald es ihm genug zu sein schien, schrie er durchdringend, und alle flogen in Todesangst davon und ließen ihn im Stich.

Der Bodhisatta dachte bei sich: »Was habe ich wohl Böses getan, dass alle meine Verwandten und Freunde davonfliegen, ohne sich nach mir umzusehen?« Inzwischen aber kam der Wächter herbei, befreite den Papagei vorsichtig aus seiner Schlinge, band seine Füße zusammen und brachte ihn seinem Herrn, der den schönen Vogel nicht genug bewundern konnte. Er setzte ihn auf seinen Schoß und sagte: »Hör du, Papagei, du hast wohl einen viel größeren Magen als deine Verwandten, dass du dich nicht damit begnügst, dich satt zu essen, sondern auch noch jede Menge Reisrispen mit nach Hause nimmst? Hast du irgendwo ein Vorratshaus, oder was? Genügt es dir nicht, dass du meinen Reis stiehlst, sondern bist du auch noch mein Feind?«

Da sprach der Bodhisatta:

Feind bin ich dir nicht,
Noch habe ich ein Vorratshaus.
Schuld lös ich ein und lade neue auf,
Wenn ich den Seidenwald betrete.
Auch sammle ich dort Schätze;
Wisse dies, o Brahmane.

Der Brahmane, der Kosiya hieß, bat den Papagei um Erklärung: »Was für Schuld lädst du denn jemandem auf und welche löst du ein? Ich verstehe dich nicht.«

»Sieh, Kosiya«, entgegnete da der Bodhisatta, »ich habe Kinder, die noch jung und nicht flügge sind. Sie werden einst mich ernähren müssen, also lad ich ihnen eine Schuld auf. Außerdem aber habe ich Eltern, die schon alt und kraftlos sind. Diese ernähre ich auch, und damit löse ich eine alte Schuld ab. Nun gibt es aber auch noch andere Vögel in dem Wald, denen ich ebenfalls von meiner Nahrung abgebe, und das nennen die Weisen einen Schatz.«

Als Kosiya das hörte, sagte er freundlich: »Du Papagei bist wirklich voller Tugend, mehr als die meisten Menschen haben. Du darfst von nun an mit all den Deinen so viel Reis essen, wie du magst. Nur bitte ich dich, mich ab und an zu besuchen, denn die Unterhaltung mit dir bereitet mir große Freude!«

Er befreite die Füße des Bodhisatta von den Fesseln, ließ eine große Platte mit in Honig getränkten Körnchen und Zuckerwasser bringen und bediente den Papageienkönig selbst. Der Bodhisatta unterhielt sich eine Weile mit dem großzügigen Brahmanen, aber er bestand darauf, nur einen Teil des Feldes anzunehmen. Dann bedankte er sich bei seinem Gönner und flog zurück zu seinen Eltern, die ihn schon verloren gegeben hatten und um ihn weinten und klagten.

»Nun trocknet eure Tränen«, sagte der Bodhisatta und gab ihnen von den köstlichen Dingen, die er vom Brahmanen bekommen hatte. Jetzt kamen auch die anderen Papageien herbei, sie versammelten sich um ihn und ließen sich seine Erlebnisse erzählen. Der Bodhisatta lobte die Großmut und Freigebigkeit des Brahmanen, und von nun an beschränkten sie sich bei der Futtersuche auf den Teil des Feldes, den er ihnen geschenkt hatte. Kosiya aber lebte ein tugendhaftes Leben und spendete den Armen reichlich Almosen, bis er in hohem Alter in Frieden starb.

* * *

Die verschenkte Königin

In einer seiner Existenzen wurde der Bodhisatta Ratgeber des Königs Maddava von Benares. Die Weisheit des Senaka, so hieß damals der Bodhisatta, war weithin berühmt. Da nun begab es sich,

dass sich der Sohn des Hauspriesters des Maddava in die Hauptgemahlin des Königs verliebte, und zwar so sehr, dass er nichts mehr essen und trinken konnte und nicht mehr von seinem Lager aufstand.

Als der König ihn ein paar Tage lang nicht mehr gesehen hatte, erkundigte er sich nach ihm, und als man ihm den Grund sagte, ließ er ihn zu sich rufen.

»Hör zu«, sagte er freundlich, »du kannst meine Gattin sieben Tage lang haben. Am achten aber bringst du sie mir zurück.«

Freudig stimmte der junge Mann zu und nahm die Frau des Königs mit zu sich. Sofort aber verliebte sich die Frau des Königs in ihn, und die beiden beschlossen, gemeinsam zu fliehen. Bei Nacht und Nebel verließen sie die Stadt und gingen in ein anderes Land. Der König wurde vom Kummer über den Verlust seiner Gattin so überwältigt, dass er schwer erkrankte und man um sein Leben fürchten musste. Da dachte der Bodhisatta bei sich, er müsse dem

König helfen und ihn wieder zu sich selbst bringen und damit heilen.

Er verabredete mit einigen klugen Ministern des Königs, sie möchten vor dem Palast einige Gaukler versammeln und ihre Kunststücke vorführen lassen. Darunter sollte unbedingt auch ein Schwertschlucker sein. Weiterhin sollten sie dafür sorgen, dass der König gerade dann aus dem Fenster schaute, wenn der Schwertschlucker an der Reihe wäre. Um alles Weitere würde er, Senaka, sich kümmern.

Die Minister gingen wie verabredet an dem betreffenden Tag zum König und baten ihn, die Veranstaltung mit anzusehen, denn dann wäre das Traurige, wie sie sagten, nicht mehr traurig. Maddava ließ sich darauf ein und sah vom Fenster aus den Gauklern zu. Als der Schwertschlucker an der Reihe war, sagte er bewundernd zum Bodhisatta, der neben ihm stand: »Schau dir das an! Gibt es wohl noch etwas, das schwieriger wäre, als dieses Kunststück?«

Da sagte Senaka ruhig: »Ein scharfes Schwert, das Menschenblut vergießt, um des Geldes willen zu verschlucken, mag schwierig sein. Aber weit schwieriger ist es, jemandem etwas schenken zu wollen, das einem lieb ist.«

Als der König das hörte, dachte er bei sich: »Er hat Recht, und ich *habe* jemandem etwas schenken wollen, das mir wahrlich lieb war!« Und da ging es ihm schon ein wenig besser.

Dann aber überlegte er, ob es denn noch etwas Schwierigeres gäbe, als jemandem etwas Liebes geben zu wollen, und er stellte diese Frage dem Senaka.

»Ja«, sagte dieser, »noch schwieriger ist, wenn man das, was einem selbst am Herzen liegt, auch wirklich hergibt!«

»Genau das habe ich getan«, dachte da der König, und da ging es ihm noch ein ganzes Stück besser als vorher.

Dann aber fragte er seinen Ratgeber wieder: »So sage mir doch, o weiser Freund, gibt es denn etwas, das noch schwieriger ist als das?«

Da entgegnete der Bodhisatta:

Hergeben mag ein Mann die Gabe,
Mag sie nun klein sein oder groß;
Doch geben ohne zu bereuen:
Das ist das Schwierigste von allem.
Leicht ist dagegen alles andere –
Glaube mir das, o Maddava.

Als der König das hörte, sagte er zu sich: »Ich habe dem Sohn des Hauspriesters meine liebste Frau gegeben. Aber nun kann ich es nicht ertragen, dass ich sie hergegeben habe. Wenn sie mich geliebt hätte, wäre sie nicht mit ihm davongelaufen. Was geht sie mich nun noch an?«

In dem Augenblick fiel sein Schmerz von ihm ab wie ein Wassertropfen von einem Lotosblatt, und auch seine Krankheit war im Nu verflogen. Da bedankte er sich bei seinem weisen Ratgeber und verschwendete keinen Gedanken mehr an seinen Verlust.

* * *

König Sivi und die Taube

Als vor langen Zeiten ein König namens Sivi in Aritthapura regierte, wurde der Bodhisatta als dessen Sohn wiedergeboren und erhielt ebenfalls den Namen Sivi. Nach dem Tode seines Vaters ernannte man ihn zum König, und er regierte mit Umsicht und großer Gerechtigkeit. Er spendete auch viele Almosen und war überhaupt außerordentlich mildtätig. Eines Tages aber dachte er bei sich, dass diese Art von Freigebigkeit nicht genug sei. »Was«, so sagte er bekümmert zu sich, »habe ich denn erreicht? Was, von allem, das ich verschenkt habe, hat mich wirklich getroffen? Nichts von dem, was ich gab, tat mir selbst weh. Nein, ich möchte etwas von mir selbst spenden, etwas, das mir wirklich ein Opfer abverlangt.«

Der Herrscher der Götter, Sakka, saß auf seinem Thron und hörte mit an, wie der König so sprach. Er wiegte den Kopf über solche, das Schicksal herausfordernden Worte und hatte gute Lust, die Opferbereitschaft des Königs auf die Probe zu stellen.

Er erhob sich und nahm gleichzeitig die Gestalt eines Falken und die einer Taube an und flog als Taube direkt in das offene Fenster des Palastes hinein, in dem der König auf seinem Thron saß und nachdachte. Die Taube landete auf der Armlehne und zitterte vor Furcht.

»Was hast du denn, du Arme?«, fragte sie der Bodhisatta besorgt.

»O Herr, ein Falke ist hinter mir her und will mich fressen. Bitte beschütz mich doch vor ihm!«

»Keine Sorge«, sagte da der König tröstend, »dir soll nichts geschehen.«

In diesem Augenblick flog der Falke zum Fenster herein und setzte sich auf die andere Lehne des Thrones. »O mein Fürst«, rief er, »diese Taube da ist meine Beute. Ich bin müde von der Jagd. Gib sie mir heraus und ich gehe in Frieden.«

Der König schüttelte den Kopf: »Das geht nicht, Falke, ich habe der Taube meinen Schutz versprochen.«

»Schön und gut«, meinte da der Falke, »aber diese Taube da ist meine Nahrung. Bekomme ich sie nicht, muss ich verhungern.«

»Ich werde dir etwas anderes zu essen geben«, versicherte der Bodhisatta bereitwillig.

»Ich brauche aber frisches Fleisch«, gab der Falke zu bedenken und sah den König zweifelnd an. »Du müsstest also ein anderes Tier töten, damit ich satt werde. Bringst du das denn fertig? Besser, du gibst mir einfach die Taube.«

Der König wurde nachdenklich. Der Raubvogel hatte vollkommen Recht mit dem, was er sagte. Er müsste ein Leben für ein anderes opfern, oder der Falke würde sterben. Das aber konnte er nicht über sich bringen. Er überlegte eine Weile und sagte sich dann, die einzige Möglichkeit, das Leben beider Vögel zu erhalten und kein anderes zu opfern, bestünde darin, sich selbst so viel Fleisch abzuschneiden, wie die Taube wog.

Er unterbreitete also dieses Angebot dem Falken, und dieser zeigte sich damit voll und ganz einverstanden.

Da ließ der König seine Diener eine Waage und ein über und über mit Juwelen besetztes scharfes Messer herbeibringen. Dann bat er die Taube, sich auf die eine Waagschale zu setzen, und bedeutete dem Diener, ihm von dem seidenen Kissen, auf dem es lag, das Messer zu reichen. Als die Minister sahen, was Sivi vorhatte, begannen sie laut zu protestieren, und die anwesenden Frauen brachen in verzweifelte Klagen aus.

Sie baten und flehten: »Bitte, o Herr, tu dies nicht!«

Er aber sagte ruhig:

Sagt einer, er wird geben,
Und gibt dann doch nicht,
So bindet er um seinen Hals
Die Schlinge.

Damit schnitt er sich beherzt ein Stück Fleisch aus dem linken Arm heraus. »Das müsste genügen«, sagte er und ließ es auf die andere Waagschale legen.

Die Waage aber rührte sich nicht. Da schnitt sich der Bodhisatta ein weiteres Stück Fleisch ab, legte es auf die Waage, aber wieder tat sich nichts. So schnitt er sich Fleischbrocken um Fleischbrocken vom Körper, ohne dass die Taube damit aufgewogen werden konnte. Schließlich, als er merkte, dass er vom Blutverlust gleich ohnmächtig werden würde, legte Sivi sich selbst auf die Waagschale. Da schrien Falke und Taube wie aus einem Mund: »Genug, es ist genug!«

Mit einem Mal war der ganze Thronsaal mit goldenem Glanz erfüllt, und mittendrin stand Sakka in seiner wahren Gestalt, und neben ihm, vollkommen unversehrt, König Sivi.

»O du edler Fürst«, sagte Sakka freundlich zu ihm, »ich selbst war der Falke und ebenso die Taube. Ich habe dich heute auf die Probe gestellt wie nur selten einen anderen Menschen. Du aber warst in deiner Bereitwilligkeit zu einem Selbstopfer unerschütterlich wie ein Fels. Ich bin höchst zufrieden mit dir. Lasse nie nach in deinem Streben.« Damit verabschiedete sich der Götterkönig und begab sich zurück an seine himmlische Wohnstätte.

Der König lebte noch lange, von allen seinen Untertanen verehrt, und ging schließlich nach seinem Tod in die Brahma-Welt ein.

* * *

Der freigebige Hase

Es lebte einmal ein Hase in einem Wald, der von einem Fluss, einem Berg und einem Dorf begrenzt war. Der Hase, der Bodhisatta in einer neuen Existenz, hatte drei Freunde – einen Affen, einen Schakal und einen Fischotter –, mit denen er zusammenwohnte. Tagsüber ging jeder für sich dem Nahrungserwerb nach, abends aber saßen sie beisammen und unterhielten sich. Der Hase, der sehr weise war, ermahnte alle täglich, Almosen zu geben, die Gebote zu befolgen und die Fastentage einzuhalten. Dann ging ein jedes in seine Kammer und legte sich schlafen.

So verging die Zeit, bis der Hase eines Tages an der Form des Mondes merkte, dass ein Fastentag herannahte. »Morgen ist ein Fastentag«, sagte er also abends zu seinen Freunden. »Denkt daran, dass ihr morgen von eurem Essen jedem, der euch darum bittet, großzügig abgebt!« Die anderen nickten, und sie gingen in Frieden schlafen.

Anderntags begab sich der Fischotter, wie es seine Gewohnheit war, zum Fluss, wo ein Fischer gerade sieben rote Fische gefangen und am Ufer mit feuchtem Sand bedeckt hingelegt hatte, um sie gleich zu holen. Versehentlich fiel er aber ins Wasser, wurde abgetrieben und hatte eine Weile damit zu tun, sich wieder ans Ufer zu retten. So dachte der Fischotter, als er sah, dass sich niemand um die Fische kümmerte, er könne sie ruhig mitnehmen. Er trug sie in die Höhle und wartete auf die anderen.

Der Schakal seinerseits kam auf seinem Weg an der Hütte eines Feldhüters vorbei, in der er zwei Fleischspieße, eine Echse und einen Topf Joghurt sah. »Gehören jemandem diese Dinge hier?«, rief der Schakal laut, und als niemand antwortete, hängte er sich den Topf mit einem Strick um den Hals, nahm die Spieße und die Echse ins Maul und brachte alles nach Hause, wo er zusammen mit dem Fischotter auf die Freunde wartete.

Der Affe war in den Wald gegangen, um nach Nahrung zu suchen. Er fand einen Baum mit reifen Mangos, pflückte sich etliche davon und ging damit heim. Zu dritt warteten sie nun auf den Hasen.

Auch der Bodhisatta war unterwegs gewesen, um sich an Gras und Kräutern gütlich zu tun. Als er aber satt und zufrieden unter einem Busch lag, fiel ihm ein, dass er ja nun nichts mehr hatte, wovon er einem Bedürftigen hätte abgeben können. Er wurde ganz betrübt und dachte: »Ich habe keine Sesamkörner, keinen Reis. Was kann ich also herschenken?« Er überlegte eine Weile und kam endlich zu dem Schluss, dass er einem Bedürftigen nur seinen eigenen Körper anzubieten habe. Und er war sofort zu diesem Opfer bereit.

Sakka, der Götterkönig, der von jedem wichtigen Ereignis dadurch erfährt, dass sein gelbsteinerner Thron heiß wird, hörte auf diese Weise auch die Gedanken des Hasen. »Nun, ich will den Hasenkönig auf die Probe stellen«, dachte er bei sich, »und sehen, ob er es ernst damit meint!«

Er nahm die Gestalt eines Brahmanen an und ging zunächst zur Höhle des Fischotters. »O Brahmane, hast du einen Wunsch?«, fragte ihn dieser.

»Wenn ich nur etwas zu essen hätte«, entgegnete Sakka.

Der Fischotter bot ihm seine Fische an, und der Brahmane bedankte sich und sagte: »Ich komme später wieder, um davon zu essen!«

Als Nächstes wandte sich der Götterkönig an den Schakal, und auch hier sagte er – auf dessen Anerbieten, von den Fleischspießen, der Echse und dem Joghurt zu kosten – wieder, er werde später zurückkommen. Der Affe bot ihm von seinen Früchten an, und der Brahmane erwiderte dasselbe wie zuvor.

Schließlich gelangte er zum Hasen und sagte abermals seinen Spruch auf. Darauf entgegnete der Bodhisatta freudig: »O Brahmane, du hast gut daran getan, zu mir zu kommen, denn heute werde ich dir ein Geschenk machen, wie es noch nie zuvor jemand von mir erhalten hat. Da du aber sicher kein lebendes Tier töten willst, bitte ich dich nur darum, Holz zu sammeln, es zu Glut herunterbrennen zu lassen und mir dann Bescheid zu geben. Ich werde mich dann auf die Glut werfen. Sobald mein Körper gebraten ist, kannst du mich aufessen.«

Ich hab nichts: weder Sesamkörner
Noch Bohnen oder Reis; iss also
Mich, Brahmane, sobald ich durchgebraten,
Und bleib bei uns im Walde wohnen.

Da schuf Sakka durch seine göttliche Macht einen Haufen glühender Kohlen und sagte dem Bodhisatta dann, alles sei für sein Opfer bereit. Der Hase stand ohne zu zögern auf und ging zum angegebenen Platz. Bevor er sich aber auf die Glut warf, sagte er: »Falls in meinem Fell irgendwelche Tierchen sein sollten, so brauchen sie nicht auch zu sterben.« Er schüttelte sich dreimal, sprang dann auf und stürzte sich freudigen Herzens auf die rote Glut.

So heiß aber die Kohlen auch waren, sie taten dem Hasen kein Leid, denn sie fühlten sich für ihn kühl wie Schnee an. Da sagte der Bodhisatta zu Sakka: »O Brahmane, dein Feuer ist ja kalt und erhitzt nicht einmal die Spitzen meines Fells. Wie kommt das?«

Der Götterkönig entgegnete befriedigt und vollkommen überzeugt: »Du Weiser! Ich bin kein Brahmane, ich bin Sakka und hierher gekommen, um dich auf die Probe zu stellen.«

»O Sakka, das war vollkommen überflüssig!«, entgegnete da der Hase und richtete sich stolz auf. »Und wenn die ganze Welt mich auf die Probe stellen würde. Niemand würde je sehen, dass ich ein

Almosen verweigerte.« Und als er das gesagt hatte, stieß er zur Bekräftigung den Löwenruf aus.

Da sagte Sakka zutiefst beeindruckt: »Ein ganzes Weltalter hindurch soll jeder sehen, wie edel du bist!« Und er packte einen Berg, drückte ihn mit seiner göttlichen Heldenfaust zusammen und zeichnete mit dem austretenden Saft das Bild eines Hasen auf die Mondscheibe. Anschließend erklärte er dem Bodhisatta, was er getan hatte, und verschwand, so wie er gekommen war.

Die vier Freunde aber hielten weiterhin einträchtig und gewissenhaft die Gebote ein und gelangten schließlich an den Ort ihrer Verdienste.

respekt vor dem alter

In den meisten halbwegs intakten Gesellschaften werden alte Menschen geachtet. Dies hat nicht nur mit ihrem größeren Wissen und ihrer Lebenserfahrung zu tun, sondern hängt damit zusammen, dass Alter schlechthin mit Ehrwürde gleichgesetzt wird. Selbst der einfältige, senile alte Mensch verdient vielleicht allein dadurch Achtung, dass er dem Ende näher steht und das Leben deswegen mit abgeklärteren Augen betrachtet.

In den westlichen Industrienationen gibt es kaum noch Alte, fast nur noch »Senioren«, und die sind entweder eine für die Wirtschaft interessante Zielgruppe – oder aber lästige Rentenempfänger.

Das Rebhuhn und der Banyanbaum

Einmal lebten an den Hängen des Himalaya drei Freunde: ein Rebhuhn, ein Affe und ein Elefant. Bei aller Freundschaft zankten sie aber häufig miteinander und gingen nicht sehr respektvoll miteinander um, so dass ihr Zusammenleben jeder Ordnung ermangelte. Daher beschlossen sie eines Tages, diesem unbefriedigenden Zustand ein Ende zu machen und zu ermitteln, wer der Älteste von ihnen sei; dem würden sie fortan gehorchen und so jeden Zwist vermeiden. Also dachten sie über eine Methode nach, wie sie dies bewerkstelligen könnten. Schließlich kam ihnen eine Idee. Sie ließen sich am Fuß eines Banyanbaumes nieder, und Rebhuhn und Affe fragten den Elefanten: »Lieber Elefant, wie lange kennst du diesen Baum schon?«

»Freunde«, sagte der bedächtig, »als ich ein Elefantenjunges war, reichte mir der Baum bis zu den Hüften. Als ich dann erwachsen war, berührten seine Zweige meinen Nabel. Ich kenne den Baum also, seit er ein Schössling war.«

Da fragten Rebhuhn und Elefant den Affen: »Und nun du. Seit wann kennst du diesen Baum?«

»Freunde, als ich ein Affenjunges war und mich hier auf den Boden setzte und mich reckte, konnte ich an die obersten Sprossen des Banyanbaumes reichen. Ich kenne den Baum also, seit er ganz klein war.«

»Und wie ist es mit dir?«, fragten schließlich Affe und Elefant das Rebhuhn.

»Freunde«, sagte dieses, »ganz in der Nähe stand früher ein großer Banyanbaum. Als ich einmal von seinen Früchten gegessen hatte, ließ ich genau hier meinen Kot fallen. Ich kenne den Baum also seit einer Zeit, da er überhaupt noch nicht existierte. Darum bin ich älter als ihr!«

Da erkannten die beiden großen Tiere die Weisheit des kleinen Rebhuhns und sagten: »Von jetzt an werden wir dich ehren und dir unseren Respekt erweisen. Wir werden vor dir aufstehen und die Hände aneinander legen. Dafür belehre du uns ab jetzt und unterrichte uns in allen Geboten.«

Das Rebhuhn willigte ein, und von nun an lebten die drei einträchtig und weise miteinander und gingen schließlich in die Götterwelt ein. Darum aber heißt es:

Die Menschen, die das Alter ehren,
Wissen, was wahr ist und was recht;
Lob ernten sie in dieser Welt
Und nach dem Tod die Seligkeit.

Selbsterhaltung

Da der Buddha lehrte, das Dasein sei wesenhaft leidvoll, könnten wir fragen, was für einen Wert es haben kann, gegen Widrigkeiten, Krankheiten oder Gefahren anzukämpfen, um unser Leben zu erhalten. Doch wir vergessen dabei eins: Das Dasein ist ein endloser Kreislauf von Wiedergeburten; unser Leben – durch Unterlassung oder gar aktiv – zu beenden befreit uns nicht vom Leiden, sondern versetzt uns lediglich in eine andere, möglicherweise leidvollere Existenz. Mögen wir schon den Pfad zur Erleuchtung eingeschlagen haben oder noch bis über beide Ohren in der Welt stecken: Das Leben ist und bleibt die einzige Möglichkeit, die wir haben, etwas aus uns zu machen.

Der Affenfürst und das Krokodil

Einst wurde der Bodhisatta als Affe wiedergeboren, und mit der Zeit wurde er stark und groß wie ein Fohlen. Da verließ er seine Eltern und suchte sich einen schönen Platz zum Wohnen am Ufer eines Flusses. In der Mitte des Flusses gab es eine Insel, auf der die herrlichsten Mango-, Birnen- und Brotfruchtbäume wuchsen. Zwischen dem Ufer und der Insel aber lag ein großer Stein. Auf diesen pflegte der Affe mit einem Satz zu springen und von ihm mit einem weiteren Satz auf die Insel zu hüpfen. Dort ließ er sich den Tag über die Früchte schmecken, und am Abend kehrte er satt und zufrieden auf demselben Weg nach Hause zurück.

In dem Fluss lebte nun auch ein Krokodil mit seiner Frau, die nach und nach immer mehr Lust auf das Herzfleisch des Affen bekam und schließlich ihren Mann darum bat, ihr das leckere Tier zu verschaffen.

»Also gut«, sagte das Krokodil, »heute Abend werde ich mich auf den Stein legen, und wenn er von der Insel kommt, kann ich ihn fangen.« Gesagt, getan. Der Affe stand am Ufer der Insel und wollte gerade auf den Stein springen, als ihm irgendetwas nicht geheuer vorkam. »Der Stein ist doch höher als sonst«, dachte er bei sich und wunderte sich. »Das Wasser ist im Lauf des Tages nicht gefallen, was also kann der Grund sein?« Da fiel ihm das Krokodil ein, und schon wusste er Bescheid.

Er überlegte lange, wie er es überlisten könne, und schließlich rief er: »Stein, du, hör mal! He, Stein!«

Keine Antwort.

»Stein!«, rief er wieder, und dann ein drittes und ein viertes Mal: »Stein, he, was ist denn heut mit dir los? Warum antwortest du denn nicht wie immer?«

Da dachte das Krokodil bei sich: »Offenbar hat der Stein sonst immer geantwortet, und der Affe könnte Argwohn schöpfen, wenn er es diesmal nicht tut!« Also erwiderte es: »Was gibt's denn, Affenfürst?«

»Wer bist du denn?«, fragte der Bodhisatta.

»Ich bin das Krokodil.«

»Und warum liegst du da?«

»Na, warum wohl: Weil ich dich gern fressen würde.«

»Hm«, dachte der Bodhisatta, »was ist da zu machen? Ich muss das Krokodil irgendwie überlisten.« Er sagte: »Du liebes Krokodil, also schön, ich opfere mich dir. Mach nur dein Maul auf, dann kannst du mich fassen, wenn ich angesprungen komme.«

Er wusste aber, dass die Krokodile, sobald sie ihr Maul öffnen, die Augen schließen – und als das Krokodil gehorchte, sprang der Affe mit einem Satz auf dessen Kopf, und von da schnellte er sich mit seiner Riesenkraft wie ein leuchtender Blitz ab und landete sicher am Ufer des Flusses.

Als das Krokodil dieses Wunder sah, war es nicht böse, so getäuscht und um seine Beute gebracht zu sein, sondern voller Respekt vor dem Bodhisatta. »Toll, wie er das gemacht hat!«, dachte es bewundernd. »He, Affenfürst«, rief es zu ihm hinüber, »wer in dieser Welt mit den vier Tugenden gesegnet ist, der überwindet alle seine Feinde, und du, glaub ich, besitzt sie alle vier.«

Und dann sprach es die Strophe:

Wer, Affenfürst, in sich vereint
Wahrheit, Voraussicht, Entschlossenheit und Mut,
Der überwindet alle seine Feinde.

Und als es so gesprochen hatte, schwamm es nach Hause.

* * *

Der Topf Reisbrei

Der Bodhisatta wurde in einer seiner Existenzen Minister und Ratgeber des Königs von Benares. Als der König argwöhnte, dass sein Sohn Böses gegen ihn im Schilde führte, ließ er ihn aus seinem Reich verbannen. Der Sohn nahm seine Frau und zog ins Land Kasi, wo er so lange unerkannt blieb, bis er eines Tages erfuhr, dass sein Vater tot war. Da trat er die Heimreise an, um den Thron zu besteigen. Unterwegs bekam er von einem mitleidigen Menschen einen Topf Reisbrei geschenkt, den er mit seiner Frau teilen sollte. Er aber gab ihr nichts davon und aß alles allein. Die Frau dachte unmutig bei sich:

»Was für ein roher, eigensüchtiger Mann ist das nur!«

Nachdem er König geworden war, machte er seine Frau zwar zu seiner ersten Gemahlin, behandelte sie aber keineswegs mit der Ehre und dem Respekt, die ihr gebührten, schenkte ihr keinerlei Aufmerksamkeit und fragte nie nach ihren Wünschen.

Der Bodhisatta sah dieses ungebührliche Verhalten, und da ihm die Königin leid tat, wollte er Abhilfe schaffen. »Sie ist so lieb zu dem König, er aber behandelt sie wie Luft. Ich will dafür sorgen, dass sie geehrt und geachtet wird.« So ging er zu ihr hin.

»Was gibt es, Vater?«, fragte sie freundlich.

»Sollte man, o Königin, nicht den armen alten Menschen ein Kleidungsstück schenken oder ein Almosen?«

Die Königin seufzte: »Wie soll ich das machen, Vater, ich habe ja selbst nichts. Ja, früher, da bekam ich so viel vom König, dass ich davon abgeben konnte. Aber als wir auf der Rückreise hierher waren und der König Reisbrei für uns beide zum Geschenk erhielt, aß er alles allein auf.«

»Meine Tochter«, fragte der Bodhisatta, »traust du dich denn, das, was du mir gerade gesagt hast, in Gegenwart des Königs zu wiederholen?« Die Königin bejahte. »Gut, wenn ich dich zum König rufen lasse und dich danach frage, dann sag die Wahrheit.«

Als die Königin gerufen wurde und der Bodhisatta sie wie zuvor fragte, warum sie keine Almosen gebe, erzählte sie dasselbe, was sie ihm zuvor gesagt hatte. »Aber«, rief da der Minister erstaunt aus, »bist du denn nicht die erste Gemahlin des Großkönigs?«

»Und wenn schon«, sagte die Königin bekümmert, »was soll mir dieser Rang, wenn mir die dazugehörigen Ehren nicht zuteil werden, wenn mein Mann sogar einen ganzen Topf Reisbrei allein aufisst, ohne ihn mit mir zu teilen!«

»Stimmt das denn, o mein Fürst?«, fragte der Bodhisatta ernst. Der König musste zugeben, dass sie die Wahrheit sagte. »Ja, dann«, bemerkte der Minister zur Königin gewandt, »versteh ich nicht, warum du hier bei ihm bleibst, wenn er dich nicht liebt. In der Welt ist das Zusammensein mit Unliebem ein Unglück. Und wenn Ihr hier bleibt, wird für den König das Zusammensein mit dir, die ihm unlieb ist, ein Unglück sein. Wenn man merkt, dass man nicht geachtet und geehrt wird, sollte man besser woandershin gehen. Groß ist die Zahl der Wohnorte auf dieser Welt.« Und er sprach die zwei Strophen:

Den, der dich ehrt, den sollst du wieder ehren,
Du sollst vergelten, wie man an dir handelt.
Wer auf dein Wohl bedacht, dem tue Gutes,
Doch ehre den nicht, der dich auch nicht ehrt.

Lass den, der dich verlässt, ohne zurückzuschauen,
Verehre den nicht, dessen Herz dir fern.
Der Vogel, der da merkt, der Baum trägt keine Früchte,
Sucht einen anderen auf: denn groß ist ja die Welt.

Selbstüberhebung

Es ist zweifellos eine Tugend, über sich selbst hinaus zu streben, also sein gegenwärtiges Selbst – die Summe seiner momentanen Fähigkeiten, Kenntnisse und Bewusstseinsinhalte – nicht als unwandelbares Ich zu verstehen, sondern als Ausgangsbasis einer möglichen Höherentwicklung. Eine unverzichtbare Voraussetzung für eine solche »Selbstverbesserung« ist eine realistische Selbsteinschätzung. Ich muss wissen, wo ich stehe, um ermitteln zu können, wie ich ein bestimmtes Ziel erreiche. Der überhebliche Mensch aber denkt: »Die und die Eigenschaft, Kenntnis oder Fähigkeit ist wünschenswert; folglich habe ich sie.«

Der vermessene Schakal

Einst wurde der Bodhisatta als ein mächtiger Löwe wiedergeboren und wohnte im Himalaya in der Goldhöhle. Eines schönen Morgens trat er aus seiner Höhle, schaute in alle vier Himmelsrichtungen, stieß ein lautes Gebrüll aus und machte sich auf Nahrungssuche. Er tötete einen großen Büffel, fraß ihn und badete anschließend in einem Teich. Auf dem Heimweg traf er auf einen Schakal, der ihn nicht rechtzeitig gesehen hatte und ihm nun zu Füßen fiel:

»Bitte, bitte, töte mich nicht, ich will dir auch dienen!«, flehte er.

»Schön«, sagte der Löwe, »du wirst mir dienen und dafür von mir gutes Fleisch erhalten.«

Nach kurzer Zeit war der Schakal dick und rund, denn er hatte unter allen Tieren die freie Auswahl. Morgens pflegte der Bodhisatta zu ihm zu sagen: »Geh, Schakal, auf die Spitze jenes Berges dort. Schau dich um und wähl dir aus, welches Tier – ob nun ein Elefant, Büffel oder Pferd – ich uns heute zum Fressen beschaffen soll. Dann kommst du wieder her, verehrst mich und sagst: ›Leuchte auf, Gebieter!‹ Dann werde ich aufstehen und das betreffende Tier töten.«

Wie er sagte, so geschah es. Mit der Zeit aber wurde der Schakal eingebildet und sagte sich: »Auch ich habe vier Beine, warum sollte ich mich eigentlich von anderen ernähren lassen? Der Löwe schafft es nur, einen Elefanten zu töten, weil ich ihm den Spruch ›Leuchte auf, Gebieter‹ vorsage. Soll doch der Löwe einmal das Gleiche zu mir sagen, dann erlege *ich* den Elefanten!«

Er ging also zum Löwen und erklärte ihm seinen Wunsch. »Such also du diesmal einen schönen, starken Elefanten aus und sprich dann zu mir: Leuchte auf, Schakal!«

Der Löwe sah ihn lange an und sagte dann: »Hör zu, Schakal. Nur ein Löwe ist imstande, einen Elefanten zu töten. Es mag dir vielleicht nicht gefallen, aber einen Schakal, der das könnte, gibt es auf der ganzen Welt nicht. Bleib besser bei dem, was du kannst und was du hast, und bescheide dich mit dem, was ich dir schenke.«

Der Schakal aber hielt den Löwen nur für neidisch und bestand auf seinem Vorhaben. Schließlich willigte der Löwe ein. »Schön, du willst es nicht anders. Komm her, leg dich auf meinen Platz, und ich such den Elefanten, den du töten sollst.«

Bald sah er einen brünstigen starken Elefantenbullen, ging zurück zur Höhle und sagte zum Schakal: »Leuchte auf, Schakal!« Der sprang sofort auf, folgte der Beschreibung des Löwen und fand auch richtig den Elefanten. Im geeigneten Moment sprang er auf dessen Rücken, verfehlte ihn aber und rollte dem Tier vor die Füße. Der wütende Bulle hob den Fuß und zerschmetterte dem Schakal erst den Kopf, dann den Körper. Anschließend ließ er seinen Mist auf das tote Tier fallen und verschwand laut trompetend im Wald.

Da sagte der Bodhisatta, der alles mit angesehen hatte, bei sich:

Nun leuchte auf, Schakal!
Verspritzt ist dein Gehirn,
Zerknackt dein Schädel und
Gebrochen alle deine Rippen;
Fürwahr, du leuchtest heute auf!

tugendhaftigkeit

Tugendhaft ist der Mensch, der die Gebote so weit verinnerlicht hat, dass deren Einhaltung ihm zur zweiten Natur geworden ist. Es gibt fünf Gebote (*pañchasîla*), die nicht nur für Mönche und Nonnen, sondern auch für Laien gelten: 1. kein Leben zerstören; 2. nichts nehmen, was einem nicht gegeben wird; 3. unerlaubte sexuelle Betätigung vermeiden; 4. keine unrechte – unwahre, verletzende oder verleumderische – Rede führen; und 5) vom Genuss berauschender Getränke abstehen.

Der bessere König

Einmal wurde der Bodhisatta als Brahmadatta, Sohn des Königs von Benares, wiedergeboren und bestieg nach dem Tod seines Vaters den Thron. Brahmadattas Herrschaft war so gerecht und weise, und der König übte einen so guten Einfluss auf seine Minister aus, dass bald keinerlei Prozesse mehr geführt werden mussten. Niemand kam mehr, um sich zu beklagen, und das Amt des Richters wurde überflüssig. Da dachte Brahmadatta bei sich, nun, da in seinem Reich Ruhe und Ordnung herrschten, wäre es an der Zeit, an sich selbst zu arbeiten und alle Untugenden, die er vielleicht hätte, auszumerzen. Er versuchte also herauszubekommen, ob in seiner unmittelbaren Umgebung jemand etwas Schlechtes über ihn erzähle. Er erfuhr aber immer nur Gutes über sich selbst. So dehnte er den Bereich aus und forschte in ganz Benares, ob jemand irgendetwas Schlechtes über ihn zu sagen hätte, doch auch hier hörte er nur Gutes.

Da dachte er bei sich, er müsse durch sein Land reisen, um zu hören, wie die Leute in den Dörfern über ihn redeten. Er vertraute die Regierungsgeschäfte seinen Ministern an und traf seine Vorbereitungen. Damit man ihn nicht erkannte, verkleidete er sich, dann bestieg er seinen Wagen und machte sich, nur vom Wagenlenker begleitet, auf den Weg. Doch jeder, dem er begegnete und den er befragte, berichtete ihm nur das Beste über den König, und so beschloss er, endlich zufrieden, nach Benares zurückzukehren.

Zu dieser Zeit war aber auch der König von Kosala, Mallika, mit seinem Wagenlenker unterwegs, um zu erfahren, ob man ihm in seinem Reich irgendwelche Fehler nachsage. Wie es der Zufall so wollte, trafen die zwei Könige, aus entgegengesetzten Richtungen kommend, in einem Hohlweg aufeinander, der so eng war, dass eines der beiden Fahrzeuge hätte zurücksetzen müssen.

»He du«, rief der Wagenlenker des Mallika, »mach Platz!«

»Ich denke nicht daran!«, entgegnete der Wagenlenker des Brahmadatta. »Ich fahre den König von Benares, also mach gefälligst du Platz!«

Da aber auch Mallika ein König war, wussten die beiden Wagenlenker nicht, wie das Problem zu lösen wäre. Schließlich einigten sie sich darauf, dass der jüngere dem älteren König Platz machen sollte. Es stellte sich allerdings heraus, dass beide gleich alt waren. So verglichen sie nacheinander auch die Größe der Reiche, ihre Macht, ihr Vermögen, ihren Ruhm, Kaste, Abstammung, Rang und Familie ihrer beiden Herrscher und fanden, dass sie einander in allen Punkten ebenbürtig waren.

Nun wussten sie erst einmal nicht weiter und dachten angestrengt nach, bis der Wagenlenker des Brahmadatta auf die Idee kam, die Tugenden der beiden Könige miteinander zu vergleichen.

Als Erster war der Wagenlenker des Mallika an der Reihe, und er sagte über seinen Herrscher:

Den Harten lässt er Härte spüren
Und Sanftmut Mallika den Sanften.
Den Guten er besiegt durch Güte,
Den Bösen aber auch durch Bosheit.
So ist mein König; nun, Wagenlenker,
Geh aus dem Weg!

Da entgegnete der Wagenlenker des Brahmadatta: »Hör, Bruder, wenn das, was du da aufgezählt hast, Tugenden sein sollen, wie, bitte schön, sehen dann erst die Untugenden deines Königs aus?«

»Lass du lieber erst einmal hören, wie die Tugenden *deines* Herrn beschaffen sind!«, erwiderte ärgerlich der andere.

Durch Milde er den Zorn besiegt,
Den Bösen er besiegt durch Güte,
Den Geizigen durch Gabenreichtum,
Den Lügner durch Wahrhaftigkeit.
So ist mein König; nun, Wagenlenker,
Geh aus dem Weg!

Da stiegen Mallika und sein Wagenlenker wortlos ab, führten den Wagen beiseite und gaben den Weg frei. Als der König von Benares an Mallika vorbeikam, grüßte er ihn freundlich, ermahnte ihn zu tugendhaftem Handeln und kehrte nach Benares zurück. Er verrichtete bis an sein Lebensende gute Werke und gelangte schließlich in den Himmel.

* * *

Der gute Lockvogel

Der Bodhisatta lebte einmal als Asket in einem Wald in einer Laubhütte. Täglich kamen die Bewohner des nahe gelegenen Dorfes und brachten ihm Speise und alles, was er sonst noch benötigte. In diesem Dorf wohnte auch ein Jäger. Er hatte sich ein Rebhuhn gefangen, das er abrichtete und in einem Käfig hielt. Mit seinem Geschrei lockte es wilde Artgenossen an, die er ebenfalls fing und dann allerdings tötete. Mit der Zeit wurde das Rebhuhn schwermütig, und es dachte bei sich: »Ich bin schuld am Tod so vieler Verwandter.« Als es aber beschloss, keinen Ton mehr von sich zu geben, wurde es von dem Vogelfänger geschlagen, bis es schrie. So ging also alles weiter wie bisher.

Das Rebhuhn sann und sann darüber nach, ob es nun wirklich die Verantwortung dafür trage, dass alle diese Vögel sterben mussten, oder nicht. Da es die Antwort darauf nicht fand, fragte es sich immer und immer wieder, wer ihm wohl dabei helfen könne. Schließlich kam der Vogelfänger eines Tages nach erfolgreicher Jagd zur Einsiedelei des Bodhisatta, um dort ein wenig Wasser zu erbitten. Sobald er getrunken hatte, legte er sich auf die Erde und schlief ein. Da dachte das Rebhuhn, es könne dem weisen Asketen seine quälende Frage vorlegen.

So rief es laut: »Herr, o Herr, bitte kannst du meine Zweifel beseitigen? Ich bekomme gut und reichlich zu essen, aber ohne dass ich es möchte, ja gegen meinen Willen, müssen durch mich viele meiner Verwandten sterben. Ist das nun meine Schuld?«

Als der Bodhisatta das hörte, sagte er tröstend:

Dich trifft, o Rebhuhn, keine Schuld,
Denn auf die Absicht kommt es an!
Dem Guten, der nicht schaden möchte,
Haftet das Böse nimmer an.

Der Jäger war unterdessen erwacht; er nahm den Käfig mit dem Vogel und seine Jagdbeute, verabschiedete sich ehrerbietig von dem Asketen und ging. Dem Rebhuhn aber war ein Stein vom Herzen gefallen, und wenngleich sein Leben weiter verlief wie zuvor und es künftig auch weiterhin über den Tod jedes seiner Verwandten trauerte, war es doch durch die Worte des weisen Asketen im Inneren beruhigt.

Weisheit

Die intuitive, unmittelbare Einsicht in die Leerheit aller Phänomene und damit der ganzen Welt heißt Weisheit (*paññâ*, Sanskrit *prajñâ*). Dass die Welt wesenhaft »leer« ist, bedeutet aber nicht, dass sie eine bloße Illusion wäre, sondern vielmehr, dass jedes Phänomen – jedes Ding oder Ereignis – nur in Abhängigkeit entsteht und besteht und somit kein eigentliches, beständiges Wesen besitzt, sondern nur ein bedingtes. Die Welt ist ein vollkommenes System von wechselseitigen Beziehungen und Abhängigkeiten.

Dies intellektuell nachzuvollziehen erfordert natürlich nicht viel Weisheit. Weise ist vielmehr, wer im ständigen unmittelbaren Bewusstsein dieser Tatsache lebt – nicht als wollend Handelnder, nicht als angeblicher »Herr der Schöpfung«, sondern als organischer Bestandteil eines sich selbst (und ihn) bedingenden und erhaltenden globalen Organismus.

Die Geschichte vom dicken Wachtelhahn

Einmal wurde der Bodhisatta als Wachtelhahn wiedergeboren und wohnte allein in einem Wald, weit entfernt vom Getriebe der Menschen. Er ernährte sich von dem, was ihm die Natur bot, Beeren und Samen, rauem Gras und Würzelchen. Mit diesem Leben war er glücklich und zufrieden, und nichts bekümmerte ihn.

Eines Tages nun kam eine Krähe, auf der Suche nach besserem Futter als dem Fleisch von toten Tieren und all dem, was sie sonst zu fressen pflegte, zufällig in diesen Winkel des Waldes. Als sie den Bodhisatta sah, dachte sie bei sich: »Wie kommt es wohl, dass dieser

Wachtelhahn so dick und rund ist? Er muss wohl besonders gutes Futter haben. Ich werde ihn danach fragen.«

Sie flog auf einen Zweig ganz in der Nähe des Bodhisatta. Doch noch bevor sie etwas sagen konnte, sprach der Wachtelhahn sie an: »Nun, Onkel, du ernährst dich doch von lauter leckeren Dingen, geklärter Butter, Fleisch und dergleichen. Wie kommt es also, dass du derart mager bist?«

»O Freund«, seufzte da die Krähe, »wenn ich auf Nahrungssuche bin, muss ich ständig auf der Hut vor anderen Krähen, Raubvögeln und den Menschen sein. Ständig bin ich in Gefahr, ständig muss ich Angst haben, getötet zu werden. Wie sollte ich da dick und fett werden? Du aber, du isst doch nur saftlose Gräser und Samen. Wie schaffst du es, dennoch so gut beieinander zu sein?«

Da lächelte der Bodhisatta und sagte:

Da ich bescheiden, ohne Gier
Mir in der Wildnis Nahrung suche,
Mit dem zufrieden, was ich finde,
Drum bin ich wohlbeleibt, o Krähe!

Denn einzig, wer sich wenig wünscht,
Der ohne Sorge glücklich lebt
Und nur isst, was ihm niemand neidet,
Gedeiht in Freude und Gesundheit.

Dann nickte er der Krähe, die ihm nachdenklich zugehört hatte, zu und ging seiner Wege.

Konkordanz

(Die Zahlen beziehen sich auf die übliche Nummerierung in den Ausgaben und Übersetzungen des *Jâtaka*; dahinter folgen die Originaltitel der jeweiligen Erzählungen)

Die Sandwüste (Nr. 2, Vannupatha-Jâtaka)
Die goldene Gazelle (Nr. 482, Ruru-Jâtaka)
Die dankbaren Geier (Nr. 164, Gijjha-Jâtaka)
Der Specht und der Löwe (Nr. 308, Javasakuna-Jâtaka)
Der Zauberspruch (Nr. 474, Amba-Jâtaka)
Der Baumverehrer (Nr. 307, Palâsa-Jâtaka)
Die Mahlzeit des Dämons (Nr. 398, Sutana-Jâtaka)
Wie der Wald (Nr. 74, Rukkhadhamma-Jâtaka)
Die streitsüchtigen Wachteln (Nr. 33, Sammodamâna-Jâtaka)
Der tanzende Pfau (Nr. 32, Nacca-Jâtaka)
Die schönen Fische (Nr. 205, Gangeyya-Jâtaka)
Die verschwundenen Lotosstängel (Nr. 488, Bhisa-Jâtaka)
Glücklich, wer nichts besitzt (Nr. 330, Sîlavîmamsa-Jâtaka)
Die sentimentale Schildkröte (Nr. 178, Kacchapa-Jâtaka)
Von der Furchtlosigkeit (Nr. 76, Asamkiya-Jâtaka)
Die hungernde Tigerin und ihre Jungen (nicht im Pali-Text enthalten; Vyâghrî-Jâtaka)
Die Geschichte vom Habicht und seinen Freunden (Nr. 486, Mahokkusa-Jâtaka)
Der Grashalm (Nr. 121, Kusanâli-Jâtaka)
Der Weltuntergang (Nr. 322, Daddabha-Jâtaka)
Das Mädchen, das Zweifel hieß (Nr. 380, Âsanka-Jâtaka)
Die Papageien und der Affe (Nr. 329, Kâlabâhu-Jâtaka)
Der dreiste Affe (Nr. 278, Mahisa-Jâtaka)
Die Schildkröte, die den Mund nicht halten konnte (Nr. 215, Kacchapa-Jâtaka)
Taube und Krähe (Nr. 42, Kapota-Jâtaka)
Der Bote (Nr. 260, Dûta-Jâtaka)

Die drei Reiche (Nr. 228, Kâmanîta-Jâtaka)
Der Affe und die Erbse (Nr. 176, Kalâyamutthi-Jâtaka)
Der doppelte Schaden (Nr. 139, Ubhatobhattha-Jâtaka)
Der tugendhafte Elefant (Nr. 72, Sîlavanâga-Jâtaka)
Die tote Kuh (Nr. 352, Sujâta-Jâtaka)
Die Geschichte von der Schlange (Nr. 354, Uraga-Jâtaka)
Der Kuhmistwurm (Nr. 207, Assaka-Jâtaka)
Die schwierigen Aufgaben (Nr. 220, Dhammaddhaja-Jâtaka)
Die Nymphe (Nr. 234, Asitâbhû-Jâtaka)
Der goldene Pfau (Nr. 159, Mora-Jâtaka)
Erlösung aus den Fesseln (Nr. 120, Bandhanamokkha-Jâtaka)
Die kluge Königin (Nr. 66, Mudulakkhana-Jâtaka)
Der schlagfertige Somadatta (Nr. 211, Somadatta-Jâtaka)
Die Beschützer (Nr. 272, Vyaggha-Jâtaka)
Der Pflugbaum (Nr. 123, Nangalîsa-Jâtaka)
Der Affe als Gärtner (Nr. 46, Ârâmadûsaka-Jâtaka)
Die tote Maus (Nr. 4, Chullaka-Setthi-Jâtaka)
Der Sohn, der Ehemann und der Bruder (Nr. 67, Uchchhanga-Jâtaka)
Die Geschichte von den acht Lauten (Nr. 418, Atthasadda-Jâtaka)
Die Bekehrung des Königs (Nr. 385, Nandiyamiga-Jâtaka)
Die Papageien und das Reisfeld (484, Sâlikedâra-Jâtaka)
Die verschenkte Königin (Nr. 401, Dasannaka-Jâtaka)
König Sivi und die Taube (in dieser Form nicht im Pali-Text enthalten; Sivi-Jâtaka)
Der freigebige Hase (Nr. 316, Sasa-Jâtaka)
Das Rebhuhn und der Banyanbaum (Nr. 37, Tittira-Jâtaka)
Der Affenfürst und das Krokodil (Nr. 57, Vânarinda-Jâtaka)
Der Topf Reisbrei (Nr. 223, Putabhatta-Jâtaka)
Der vermessene Schakal (Nr. 143, Virochana-Jâtaka)
Der bessere König (Nr. 151, Râjovâda-Jâtaka)
Der gute Lockvogel (Nr. 319, Tittira-Jâtaka)
Die Geschichte vom dicken Wachtelhahn (Nr. 394, Vattaka-Jâtaka)

Bildnachweis

Bei sämtlichen Abbildungen handelt es sich um Umzeichnungen oder Skizzen zentralasiatischer oder indischer Wandmalereien aus dem 4. bis 10. Jahrhundert. Viele von ihnen zeigen Jâtaka-Szenen.

Ausgewählte Literatur

E. B. Cowell: The Jâtaka or stories of the Buddha's former births, 6 Bde., London 1981 (Nachdruck).

J. Dutoit: Jâtakam: Das Buch der Erzählungen aus früheren Existenzen Buddhas, 8 Bde., Leipzig 1908–21.

V. Fausbøll: The Jâtaka: Together with its Commentary being Tales of the Anterior Births of Gotama Buddha, Oxford 1990–92 (Nachdruck).

H. T. Francis und E. J. Thomas: Jataka Tales, Bombay 1970.

L. Grey: Concordance of Buddhist Birth Stories, Oxford 1990.

O. von Hinüber: Entstehung und Aufbau der Jâtaka-Sammlung, Mainz 1998.

R. Martin: The hungry tigress: Buddhist legends and Jataka tales, Berkeley/Calif. 1990.

M. Yamazaki und Y. Ousaka: Index to the Jâtaka, Oxford 2003.